Mit den Engeln gehen

Helmut Hark

Mit den Engeln gehen

Die Botschaft unserer spirituellen Begleiter

Weltbild

Genehmigte Lizenzausgabe für Verlagsgruppe Weltbild GmbH,
Steinerne Furt, 86167 Augsburg

Layout: Ilse Weidenbacher, München
Umschlaggestaltung: Studio Höpfner-Thoma
Umschlagfoto: Andrea del Verrocchio (1435-1488),
Erzengel Raphael mit Tobias auf dem Weg (Ausschnitt).
London, National Gallery
Gesamtherstellung: Bagel Roto-Offset GmbH & Co. KG,
Schleinitz
Printed in the EU
ISBN 978-3-8289-5049-8

2010 2009
Die letzte Jahreszahl gibt die aktuelle Lizenzausgabe an.
Einkaufen im Internet: *www.weltbild.de*

Zur Erinnerung an meinen Großvater,
der mir von den Engeln erzählte.

Zum Gedenken
an meine verstorbenen Eltern,
die mit den Engeln gingen.

Für alle Leserinnen und Leser,
die neue Wege zur Spiritualität suchen
und sich auf Erfahrungen mit Engeln
einlassen wollen.

Inhalt

Einleitung 9
Mein Bruder-Engel als spiritueller Begleiter 13
Die Wiederkehr der Engel 27
Aspekte neuer Spiritualität 35
Die Erotik der Engel 45
Die Engel als spirituelle Begleiter 63
Die Engel der Bibel als Boten und Helfer 75
Die Nähe der geistigen Welt 89
Erfahrungen mit Engeln bei Emanuel Swedenborg, Rudolf Steiner und Gitta Mallasz
Die spirituellen Führungskräfte 107
C.G. Jungs aktive Engel-Imaginationen
Inspirierende Schöpferkräfte 119
Engel-Gedichte von Rose Ausländer und Rainer Maria Rilke
Wie der Schutzengel uns um die Ecke bringt 139
Der Todesengel 149
Die mit den Engeln gehen wollen 169
Annäherungen an die Engel-Welt 179
Affirmationen und Engel-Worte für Erwachsene und Kinder 191
Anrufungen, Engel-Gebete, Meditationen 199

Anhang 213
Anmerkungen 213
Literaturverzeichnis 220
Quellenverzeichnis 222

Einleitung

Engel sind Boten Gottes. Im symbolischen Sinne werden sie als Personifikationen dieser Botschaft verstanden. Was im Wort Gottes hörbar wird, wird in ihrer Gestalt sichtbar und in ihrem Wirken, zum Beispiel als hilfreiche Begleiter und Schutzengel, erfahrbar. Diese Erfahrbarkeit der Engelmächte bildet den eigentlichen Schwerpunkt dieses Buches.

Ich gehe dabei von einem persönlichen Engeltraum aus, den ich in meinem 56. Lebensjahr hatte und der mir eine neue spirituelle Dimension eröffnet hat. Obwohl ich mich zeit meines Lebens mit der Frage nach Engeln beschäftigt und auf der Flucht aus Pommern und in anderen gefährlichen Lebenssituationen die Gegenwart eines Schutzengels erfahren habe, bildet mein Engel-Traum den entscheidenden Anstoß, mich wieder mit Engeln zu befassen.

Als Anreicherung und Ergänzung zu meiner spirituellen Erfahrung mit Engeln war es mir wichtig, Zeugen mit Engel-Erfahrungen aus der Vergangenheit und der Gegenwart zur Sprache kommen zu lassen. Aus der großen Fülle der verschiedenartigen Literatur über Engel entschied ich mich für jene, die meinem spirituellen Interesse nach einer symbolischen und tiefenpsychologischen Deutung nahestanden. Als Theologe und als Psychotherapeut, der überwiegend nach der analytischen Psychologie C.G. Jungs arbeitet, war es mir wichtig, für suchende Menschen unserer Zeit neue Wege zur Begegnung mit Engeln aufzuzeigen. Von einigen Dichtern und Dichterinnen, zum Beispiel Rose

Ausländer und Rainer Maria Rilke, habe ich gelernt, nicht nur auf die Erscheinung und Hilfe der Engel zu warten, sondern sie auch aktiv herbeizurufen und »die Schritte engelwärts zu lenken«.

Zur Titelformulierung des Buches habe ich die entscheidende Anregung von dem nun für das Titelbild ausgewählten Gemälde des italienischen Malers Andrea del Verrochio (1435-1488) empfangen: Wir sehen Raphael als Schutzengel und Wegbegleiter des jungen Tobias. Mit liebevollen Blicken schaut der junge Mann fasziniert nach dem Engel. Fast scheu und wie ein Verliebter berührt Tobias die Hand des Engels an einer erotischen Stelle. Es ist für mich persönlich eines der wenigen Engelbilder, das den Weg eines Menschen mit seinem spirituellen Begleiter so anschaulich vor Augen malt. Ich überlasse es Ihnen als Leserin oder als Betrachter, weitere Details auf dem Bild zu entdecken. Das zärtliche Miteinander, die Farbigkeit und die ausdrucksvollen Gesten lassen vielleicht auch einen Hauch von Erotik spüren, worauf ich in einem späteren Kapitel ausführlicher eingehen werde (zum Bild vgl. auch S. 45 in diesem Buch).

Raphael ist nicht nur der Schutzengel oder ein hilfreicher Weggefährte, sondern vor allem auch der Heilengel, denn sein hebräischer Name bedeutet: »Gott heilt!« Für mich als Therapeut, Seelsorger und Heiler ist Raphael ein spiritueller »Supervisor« in der geistigen Welt. Ich könnte mir denken, daß besonders dieser Engel für viele Menschen in helfenden und heilenden Berufen so etwas wie ein spiritueller Helfer und Begleiter sein könnte.

Neben dem individuellen Aspekt hat der Erzengel Raphael in der geistigen Situation unserer Zeit noch eine wichtige kollektive Bedeutung. Nach dem apokryphen Buch Henoch (Kapitel 6) erhält Raphael von Gott den Auftrag: »Heile die Erde, die durch die (bösen) Engel verderbt wurde, verkünde der Erde Heilung, auf daß ihre Leiden gewendet werden!« Auch wenn in der gegenwärtigen ökologischen Katastrophe manche Menschen viel

tun, um die Erde zu retten, so brauchen wir doch die spirituellen Energien der Engel, um die Erde zu heilen.
Das anregende und hoffentlich auch hilfreiche und für viele sicherlich auch Neue ist meine tiefenpsychologische Deutung der spirituellen Kräfte von Engeln und deren therapeutische Wirkungen. Zahlreiche Bilder von Engeln mit einem hinführenden Text stimmen den Leser und die Leserin auf das jeweilige Thema ein. Darüber hinaus versuche ich an vielen Stellen, den Leser in die Erfahrungen mit Engeln einzubeziehen und ihn auf die mögliche Begegnung mit dem eigenen Engel vorzubereiten. So wie mir der Traum und die Begegnung mit meinem Bruder-Engel eine weitere Tür zur geistigen Welt geöffnet und mir spirituelle Energien nahegebracht hat, so wünsche ich auch meinen Leserinnen und Lesern, daß sie ihre Schritte »engelwärts« richten mögen.
Schließlich möchte ich noch einen praktischen Hinweis geben für den meditativen Umgang mit den *Affirmationen* (ermutigende Leitsätze) am Ende der Texte zu den Engelbildern oder am Ende eines Kapitels. Zunächst mögen Sie diese hoffentlich auch für Sie ansprechenden Leitgedanken oder die ermutigenden Engelworte einfach lesen und auf sich wirken lassen. Wenn Sie dann die eine oder die andere Affirmation persönlich besonders anspricht, können Sie die Botschaft tiefer in sich aufnehmen, wenn Sie in der Meditation den Text mindestens viermal wiederholen und die Aussage dadurch in sich verankern, ähnlich wie die Formeln beim Autogenen Training. Zur Selbsthilfe und zum therapeutischen Umgang mit diesen Formeln gehört schließlich etwas Geduld, besonders dann, wenn Sie nicht gleich eine Wirkung verspüren. Im vorletzten Kapitel dieses Buches finden Sie zahlreiche weitere Affirmationen und Engelworte, die Sie besonders in Zeiten der Hoffnungslosigkeit oder der Krankheit meditieren können. Dort finden Sie schließlich auch Engelworte für Kinder, die Sie in entsprechenden Situationen einem Kind zusprechen können.

Ich danke dem Kösel-Verlag für die Aufnahme meines Engel-Buchs in sein Jubiläumsprogramm 1993. Besonders herzlich danke ich dem Lektor Winfried Nonhoff für die kreative Zusammenarbeit.

Karlsruhe, in der Epiphaniaszeit 1993 *Helmut Hark*

Mein Bruder-Engel als spiritueller Begleiter

Den entscheidenden Anstoß, mich ausführlicher mit Engeln zu beschäftigen, habe ich durch einen persönlichen Traum im Frühling meines 56. Lebensjahres erhalten. Ich werde im nächsten Kapitel davon berichten, daß Engel seit meiner Kindheit in lebensbedrohlichen Situationen eine wichtige Bedeutung für mich hatten. Meine Ehrfurcht vor den Engeln und meine Offenheit für ihre Erscheinungen hat sicher auch dazu beigetragen, daß mir im Verlaufe der letzten 20 Jahre zunehmend mehr Freunde und Analysanden und Analysandinnen von ihren Begegnungen und Träumen mit Engeln erzählten. Dies alles trug dazu bei, ein persönliches Buch über Engel zu schreiben und dabei bewußt viel Raum zu lassen für subjektive Erfahrungen. Ich möchte vorab sagen, daß mir dies als Theologe und als wissenschaftlich gebildeter Mensch nicht leichtfällt. Wer von den Lesern und Leserinnen eine kritische Auseinandersetzung mit Engeln sucht oder eine objektive Darstellung über Engel in Texten oder in der Kunst erwartet, wird in diesem Buch dazu wenig finden. Mit den verschiedenen Erfahrungsberichten über Engel möchte ich den Leser anregen, sich seine eigenen Gedanken über Engel zu machen.
Zu dieser Konzeption gehört auch mein Vorschlag, nach dem Lesen meines Traumes zunächst innezuhalten und die persönlichen Einfälle und Gedanken dazu kommenzulassen, und erst dann meine Assoziationen und Deutungen zu lesen. Mein Traum über den Engel lautet:

Ich stehe mit meinem Bruder in dessen Wohnzimmer. Als ich mich umschaue, sehe ich, daß die Zwischenwand zwischen den zwei Zimmern herausgeschlagen ist und der Raum dadurch doppelt so groß geworden ist. Wir stehen mitten im Raum. Ich blicke auf die gegenüberliegende Wand und sehe mit Erstaunen, daß am Knick von Seitenwand und Decke zartes Grün hervorwächst. Zunächst schaut es aus wie bei durchnäßten Wänden, wenn sie grün werden. Beim wiederholten Hinsehen nehme ich wahr, daß das Grün noch mehr gewachsen ist und ähnlich wie Kresse aussieht. Während mein Bruder und ich besinnlich miteinander dastehen und ich nochmals auf das Grün an der Wand hinsehe, erscheint dort der Kopf eines Engels. Er tritt aus dem Grün hervor und kommt auf uns zu. Während dieser Annäherung wird der Kopf immer größer. Ich spüre die Ausstrahlung und die Energie, die von diesem Angesicht ausgeht. Ich bekomme Angst. Da geschieht etwas Seltsames. Proportional mit der Zunahme meiner Angst wird die Engelerscheinung weniger und verschwindet schließlich ganz in dem Grün. Ich bin erleichtert und atme auf, wie wenn etwas Bedrohliches weggeht. Doch während ich noch über die Erscheinung nachsinne, tritt das Angesicht des Engels wieder aus dem Grün an der Wand hervor. Wieder geschieht bei mir die gleiche Gefühlsreaktion wie zwei oder drei Minuten zuvor. Diesmal kommt die Engelerscheinung uns so nahe, daß sein Gesicht so groß ist wie wir. Die immer stärker werdende englische Energie bringt mich so zum Beben, wie wenn man einen Stromschlag beim Hantieren an einer Stromleitung bekommt. Als ich nach meinem Bruder sehe, ist er nicht mehr da; der Engel nimmt seinen Platz ein. Mit Furcht und Zittern wache ich auf.

Als erstes bleiben meine Gedanken und Phantasien an der ausgeschlagenen Zwischenwand im Hause meines älteren und einzigen Bruders hängen. Mir kommt in Erinnerung, daß mein Vater und meine Mutter damals sehr dagegen waren, daß mein Bruder aus zwei Zimmern ein großes Wohnzimmer durch Herausschlagen der Wand machte. Aus diesem Grunde mußten meine Eltern damals ein Zimmer in der ersten Etage für den Sohn meines Bruders abgeben. Ich stand in jener Situation vor 35 Jahren häufig zwischen den streitenden Parteien und konnte die Argumente beider Seiten gut verstehen. So war ich damals froh, daß ich

durch mein Studium die meiste Zeit auswärts war. Doch die Zwischenwand hat für mich noch eine andere symbolische Bedeutung. Sie ist für mich ein Sinnbild für den Bruderzwist, wie wir ihn aus vielen Familien, aus Geschichten und Märchen kennen. Auch in biblischen Geschichten hat dieser Konflikt seinen Niederschlag gefunden, wenn wir an Kain und Abel oder Jakob und Esau denken. Besonders auf diese Geschichte nehme ich häufig in meinen Meditationen und Seminaren Bezug und habe ihr im Zusammenhang des Traumes von der Himmelsleiter und der Erscheinung der Engel ein Kapitel in meinem Buch »Der Traum als Gottes vergessene Sprache« gewidmet. Im Kontext meines Traumes geht mir auf, daß meine Engelerscheinung, mein geheimer Bruderzwist und mein Traum einen ganz bestimmten Zusammenhang bilden.
Ähnlich wie Jakob damals an der Furt des Jabbok in der Nacht vor der Begegnung mit seinem Bruder Esau mit dem Engel rang und dabei den Segen für sich herausschlug, so führt mich mein Traum auch an eine Furt und leitet die innere Versöhnung mit meinem Bruder ein. Dabei hatten wir eigentlich nie große Probleme miteinander. Er war 10 Jahre älter als ich, ein Realist und durch die SS-Ideologie geprägt. Ich dagegen war der Introvertierte und der Idealist, der sich für theologische und tiefenpsychologische Fragen interessierte. Gekränkt und verletzt hat mich lediglich eine Begebenheit, als ich fünf Jahre alt war. Als ich nackt in einem Schweinetrog auf dem elterlichen Bauernhof in Pommern badete, nahm mein Bruder mich als Zielscheibe und spuckte wiederholt auf mich. Damals bekam ich eine unbändige Wut auf ihn und konnte doch nichts gegen ihn ausrichten. Als er dann im Frühjahr 1944 als junger Soldat in der Normandie total zusammengeschossen wurde, hatte meine Mutter in jener Nacht eine Engelerscheinung, die ihr die Gewißheit gab, daß ihr Sohn lebe. Mein Bruder kehrte als Krüppel und als 80 Prozent-Kriegsverletzter lebend zurück und lebt noch heute in dem geträumten Haus.

Meine Mutter hatte gelegentlich besondere Träume, so daß ich schon von Kindheit an in die Welt der Träume eingeführt wurde. Wenn ich es genau nehme, begann diese Sensibilisierung für Träume schon vor meiner Geburt. Dazu erzählte mir die Mutter folgende Geschichte – während meiner analytischen therapeutischen Ausbildung, als ich 36 Jahre alt war. In jener Zeit sprachen wir häufig über unsere Träume und darüber, was sie für unsere Lebensgestaltung und Spiritualität bedeuteten. Meine Mutter war eine einfache Bauersfrau und eine gläubige Christin, die in den spirituellen Krisen ihres Lebens Erfahrungen mit Engeln und spirituellen Erscheinungen hatte. Während sie mit mir schwanger war, betete sie oftmals, daß dieses Kind besonders gesegnet sein und einen spirituellen Weg gehen möge. Darüber hinaus sollte ich ein großer Träumer werden, der die Bildersprache der Träume verstehen und vielleicht auch insgeheim einige der eigenen Lebensträume realisieren möge, die ihr aus schicksalhaften Gründen versagt blieben. In diesem Zusammenhang erzählte sie mir auch die Geschichte, wie sie den Vater gebeten habe, die Pferde anzuspannen und mit ihr in die Stadt zu fahren, damit sie sich eine Laute kaufen könnte, um dem werdenden Leben in ihrem Leibe etwas vorzusingen. Einige Male habe der Vater dies abgelehnt, weil er wohl insgeheim befürchtete, daß eine Bauersfrau, die Laute spielt, abgelenkt werde von ihrer alltäglichen Arbeit und sich dann vielleicht zu wenig um das Füttern des Geflügels oder das Melken der Kühe kümmern könnte. Mit einem Augenzwinkern erzählte meine Mutter mir, daß sie jedoch diesen Wunsch nicht aufgegeben habe, bis eines Tages der Vater tatsächlich mit ihr in die Stadt fuhr und sie ihre Laute bekam. Dann saß sie während der lauen Sommerabende des Jahres 1936 oftmals unter der Birke vor unserer Haustüre und sang: »Wenn in stiller Stunde, Träume mich umwehen, bringen frohe Kunde, Geister ungesehn. Reden von dem Lande meiner Heimat mir, hellem Meeresstrande dunklen Waldrevier.«

Sie habe damals bei ihrem Gesang die Worte »Träume mich umwehen« immer besonders betont und damit ihren Wunsch ausdrücken wollen, daß ich eine besondere Beziehung zu der Welt der Träume bekommen möge. Auch heute noch werde ich besonders angerührt, wenn ich an diese rührende Geschichte meiner Mutter denke. Ich bin davon überzeugt, daß ich meiner Mutter meine Begabung für den Umgang mit Träumen verdanke und durch sie auch einen besonderen Zugang zu der spirituellen Welt der Engel empfangen habe.

Auch durch meinen geliebten Großvater, den Schmiedemeister Albert Hark, wurde ich mit der Welt der Engel vertraut und erlebte spirituelle Einflüsse durch seinen lebendigen Glauben. Seine Gnadengabe der spirituellen Krankenheilung hat mich als Kind tief beeindruckt und sicher dazu beigetragen, daß ich Seelsorger und Therapeut wurde. Bis zur Flucht unserer Familie im März 1945 war der Großvater für mich so etwas wie ein Kindermädchen, wenn meine Eltern auf dem Feld arbeiten mußten. Dann kam es gelegentlich vor, daß der Großvater durch eine innere Stimme die Botschaft oder von einem Engel den Auftrag erhielt, einen Kranken in der Gemeinde zu besuchen oder mit einigen Kirchenältesten über einem Kranken um Heilung zu beten. Dabei berief er sich auf den Jakobus-Brief im Neuen Testament, wo es im 5. Kapitel heißt: »Ist jemand unter euch krank, der rufe zu sich die Ältesten der Gemeinde, daß sie über ihm beten und ihn salben mit Öl in dem Namen des Herren. Und das Gebet des Glaubens wird dem Kranken helfen, und der Herr wird ihn aufrichten!« Wenn der Großvater von solchen Geistheilungen heimkehrte, zog er sich meistens zurück und wollte alleine sein. Meine kindliche Seele spürte jedoch, daß er etwas Geheimnisvolles erlebt hatte. In den folgenden Tagen erzählte er auf meine Bitten hin etwas davon und weckte dadurch meine Neugier für diese spirituelle Welt. Nach solchen Gesprächen legte der Großvater manchmal segnend die Hände auf mich oder sprach ein Gebet. Ich glaube, daß ich durch die berichteten Erfahrungen eine wichtige Grundlage bekommen habe für mein theologisches Studium und die therapeutische Ausbildung und dadurch auch empfänglich wurde für die Begegnung mit Engeln.

Durch meinen Traum, den ich mit 56 Jahren hatte und durch die Geschichten, die ich zu dem Traum bereits erzählt habe, sind mir weitere Einsichten und Erkenntnisse über die Engel gekommen. Ich beginne mit meinem Lebensalter zur Zeit des Traumes: der Beginn meines 3. Lebensabschnittes, in welchem die Fragen nach einer neuen Spiritualität besonders wichtig geworden sind. Ich teile mein Leben in drei große Abschnitte ein. Bis ca. 28 Jahre bemühte ich mich durch Ausbildung und Studium, mich für meine Lebensaufgaben und den Beruf vorzubereiten. In den nächsten 28 Jahren erfüllte ich wie viele andere die Aufgaben in einer Ehe mit vier Kindern und war zehn Jahre lang als Seelsorger und Pastor in einer Gemeinde in der Hannoverschen Kirche tätig. In dieser Phase absolvierte ich auch meine analytische Ausbildung und spezialisierte mich auf die Traumarbeit, die ich seit 20 Jahren mit großem Interesse und Liebe leiste. Die praktischen Erfahrungen reflektierte ich schließlich auch wissenschaftlich und promovierte über die religiöse Traumsymbolik. Die nur kurz umrissenen Meilensteine meines inneren Lebens führten mich am Beginn des 3. Lebensabschnittes zu spirituellen Fragen, die sich in dem Traum widerspiegeln.

Beim meditativen Umgang mit meinem Traum ist mir als erstes die Überschrift *Mein Engel-Bruder* eingefallen. An der Stelle im Traum, wo einst mein Bruder stand, war nachher der Platz meines Engels zu meiner Rechten. Damit ist für mich der Engel zu meinem Bruder geworden. Diese Vorstellung fand ich zunächst seltsam, weil nach dem gängigen Engel-Klischee der Engel weiblich sein sollte. Vor meinem inneren Auge sah ich zahlreiche Darstellungen von Engeln aus der Kunstgeschichte vorüberziehen, und diese Engel sind alle weiblich. Doch dann besann ich mich auf die Erscheinung des Angesichtes von meinem Engel und darin fand ich zunächst männliche wie weibliche Züge. Als ich diesem Eindruck einige Minuten nachging, fiel mir zu dem runden Gesicht plötzlich das Angesicht meiner Schwester ein, die im Oktober 1945 mit 17 Jahren auf der Flucht bei Greifswald an Typhus verstarb. An meinem 9. Geburtstag standen meine Mutter und ich alleine an dem Grab meiner Schwester. Damals hatte meine Mutter mir zum Trost erzählt, daß sie jetzt zu einem Engel geworden sei. Die ersten Jahre meines Lebens war Anne-Maria mein guter Engel gewesen, die mich wie eine Mutter versorgt hatte und mich auf der Flucht in meinem Abschiedsschmerz von meinen Kaninchen, den Kälbern, dem Haushund Molly und vielen anderen Tieren oftmals getröstet hatte. Durch ihre Erscheinungen in den Träumen während meiner Lebensmitte wurde mir deutlich, daß sie für meine Seele auch die erste Geliebte gewesen sein muß, auf die ich als Kind meine Gefühle übertrug. Nach 46 Jahren erscheint sie nun derart verklärt in mir, daß mein Engel Züge ihres Angesichts und der Gestalt meines Bruders trägt. Ich habe schon erwähnt, daß meine Mutter eine Engelerscheinung hatte mit der Botschaft, daß er lebe, als er im Mai 1944 schwer verwundet wurde.

Erst während des Aufschreibens dieser Zusammenhänge gelange ich zu der Einsicht, daß mein Engel-Bruder einige Wesensmerkmale meiner Geschwister an sich trägt. Dies fügt sich gut in meine Einsicht von vor einigen Jahren ein, daß das persönliche Gottesbild eines Menschen immer auch Züge der Eltern und der verinnerlichten Elternbilder trägt. So also verhält es sich auch bei unserem persönlichen Engel. Damit keine Mißverständnisse entstehen: Die Geschwisterlichkeit ist nur ein kleiner Teil der Erscheinung des Engels. Wenn ich diese Erfahrungen verallgemeinere, würde auch die räumliche Anordnung meines Traumes passen, daß der Engel an jener Stelle erschien, wo die senkrechte Wand und die Decke sich berührten. Wobei diese räumliche Zuordnung nur eine untergeordnete Bedeutung für die Welt der Engel haben dürfte.

Ein anderer sehr wichtiger Gesichtspunkt für die Begegnung mit meinem Engel ist die spirituelle Dynamik und die besondere Intensität seiner Wirkungen auf mich. Ich erwähnte für seine Energie schon den Vergleich mit der Elektrizität am Stromkabel. Ich entsinne mich nur ganz weniger Träume in meinem Leben, die mich so in Furcht und Zittern versetzt haben, wie dieser Engeltraum. Während ich das Wort Furcht schreibe, fällt mir plötzlich ein, daß in biblischen Texten häufig der erste Ausspruch des Engels lautet: »Fürchte dich nicht!« Von den Hirten in der Weihnachtsgeschichte wird erzählt, daß sie sich sogar sehr fürchteten. Zur Begegnung mit Engeln gehört also Furcht, und wenn wir ihnen die nötige Ehre erweisen, erwächst daraus Ehrfurcht. Diese empfinde ich auch im nachhinein bei meiner Engelerscheinung. Ein bescheidener Ausdruck für die Verehrung meines Engels ist, daß er den Platz zu meiner Rechten einnimmt, also jenen Platz, den wir auch sonst einer höhergestellten Persönlichkeit einräumen.

Als Botschaft meines Engeltraums fasse ich zusammen:

- Das Erscheinen des Angesichtes meines Engels öffnet mir die inneren Augen für die spirituelle Wirklichkeit um uns und in uns. Zu Beginn meines 3. Lebensabschnittes mit 56 Jahren knüpfe ich wieder an die Engelerfahrungen meiner Kindheit an und werde fortan bemüht sein, mit meinen Engeln zu gehen und mich für diese spirituellen Begleiter offenzuhalten.
- Die Bilder und Symbole meines Traumes zeigen mir, daß die Trennwand zwischen den beiden Räumen entfernt und dadurch ein großer Raum entstanden ist, den ich tiefenpsychologisch als Bewußtseinserweiterung deuten möchte. Der Engel-Kopf oder mein Engel des Angesichtes, wie ich diese Gestalt gerne nennen möchte, verweist mich an die Einheit meiner beiden Gehirnhälften. Am Ende des Traumes hat der Engel zu meiner Rechten seinen Platz eingenommen.
- Mein Engeltraum bestätigt die spirituellen Erfahrungen vieler

Menschen in Gegenwart und Vergangenheit, daß Engel in Visionen, Imaginationen und Träumen erscheinen können und einen tiefen Eindruck hinterlassen. Nach der Überbetonung der linken Gehirnhälfte mit dem Schwerpunkt des rationalen und logischen Denkens, scheint in der geistigen Situation unserer Zeit eine Balance zwischen den Hemisphären zu beginnen, die den Engeln entgegenkommt, um uns zu erscheinen.

- Die spürbaren englischen Energien lösen bei mir einerseits Furcht und Zittern aus und wecken andererseits Ehrfurcht vor der spirituellen Wirklichkeit in mir. Es ist das gleiche, was der Religionswissenschaftler Rudolf Otto als das Heilige bezeichnet, dessen Wirkungen ein Faszinosum und Tremendum zugleich darstellen.
- In meinem Traum erscheint das Angesicht meines Engels dort, wo es grünt. Nach jahrelanger Beschäftigung und Meditationen der vielgepriesenen »Grünkraft« der Heiligen Hildegard von Bingen, scheint es nun in meiner Seele zu grünen und aus dieser Veriditas (Grünkraft) die Dynamik des Engels hervorzutreten. Auch der Erscheinungsort gibt zu denken, denn das Angesicht des Engels tritt hervor, wo die Waagerechte mit der Senkrechten zusammenstößt.
- Als letztes möchte ich den Segensspruch nennen: »Laß leuchten dein Angesicht, so genesen wir!« Dieses Bibelwort ist mir seit vielen Jahren sehr lieb und wichtig geworden. Genesung, Gesundheit, Ganzwerdung und Heilung sind die Stichworte, die meine therapeutische Arbeit und meine ganz persönlichen Bemühungen um Individuation umschreiben. Ein Symbol dafür sind für mich das Angesicht des Engels und all jene Sinnbilder geworden, die die spirituellen Energien aus dem Gottesbild und/oder dem Selbst freisetzen. In den Wochen nach diesem Traum hatte ich wiederholt das Gefühl, daß ich ein Stück heiler wurde und, wie einige Leute mir vertraulich sagten, auch »heiliger« wirkte. Nicht, daß ich einen Heiligen-

schein bekommen hätte, aber ich fand doch eine größere Nähe zur Heiligen Schrift und zur gelebten Spiritualität. Dafür bin ich meinem Bruder-Engel tief dankbar. Zugleich bin ich durch diesen Traum entscheidend zu diesem Buch über die Engel motiviert worden.

Zum Abschluß möchte ich Sie in meine spirituellen Erfahrungen mit meinem Engel einbeziehen. Vielleicht sind Ihnen bei meinen Kindheitserfahrungen mit meinem Schutzengel eigene Kindheitserinnerungen gekommen, wie auch Sie einst an Engel geglaubt haben. Vielleicht ermutigt Sie mein Beispiel, an solche spirituellen Erfahrungen anzuknüpfen und dadurch einen Lebensfaden zu finden, der sie mit Ihrem Engel wieder verbinden könnte. Es geht mir dabei nicht darum, Sie zu überreden, Ihren Verstand an den Nagel zu hängen, sondern mit Herz und Verstand einen neuen Zugang zu finden zu den verschütteten Quellen Ihrer eigenen Spiritualität.
Ich erhoffe und wünsche mir, daß Sie durch meinen Traum aufmerksam geworden sind auf Ihre eigenen Träume, in denen sich sicherlich von Zeit zu Zeit heilende Symbole und wegweisende Botschaften zur verbesserten Lebensgestaltung finden werden. Ähnlich wie zahlreiche Menschen in meinen Seminaren darüber klagen, daß sie die Bildersprache ihrer Träume so schwer verstehen, könnten Sie jetzt vielleicht auch nach Verstehenshilfen für Ihre Träume fragen. Diese möchte ich Ihnen zukommen lassen. Lassen Sie sich auf meine Fragen zu Ihren Träumen ein!
Bitte stellen Sie sich jetzt einmal vor, Sie hätten mir Ihren Traum erzählt. Nach dem aufmerksamen Zuhören würde ich Sie fragen, welche Verbindungen Sie zwischen Ihrem Traum und Ihrem realen Leben herstellen können?
Bitte lenken Sie Ihre Aufmerksamkeit auf die Erfahrung Ihrer Lebenskonflikte in der letzten Zeit und überlegen Sie, wie sich diese in den Sinnbildern des Traumes widerspiegeln.

Manchmal erscheinen Sie selber oder andere Personen so ganz anders, so, wie Sie sich im allgemeinen nicht sehen. Bedenken Sie dazu die therapeutische Erkenntnis, daß alle handelnden Personen oder die sonstigen Motive Abbilder Ihrer eigenen Persönlichkeit sein können, um sich damit auseinanderzusetzen. Ähnlich wie wir bei einem Puzzlespiel die einzelnen Teile zu dem ganzen Bild in einer manchmal mühsamen Arbeit zusammensetzen, so sollten wir die oftmals verdrängten Anteile unserer Persönlichkeit zur Ganzwerdung in unser Bild einfügen.
In manchen Träumen werden Sie Bilder oder Symbole erkennen, die Sie stark beeindrucken, oder von denen Sie spüren, daß sie eine ganz besondere Bedeutung für Sie haben. Da Sie selber die Autorin oder der Autor Ihrer Träume sind und zugleich auch Ihr Regisseur, werden Sie mit etwas Geduld und Übung zunehmend die Bildersprache Ihrer Träume verstehen lernen. Schließlich weise ich noch darauf hin, daß in Volkshochschulen, Workshops oder Seminaren auch zunehmend Kurse über Träume angeboten werden. So wie wir beim Erlernen einer Fremdsprache uns um die Übersetzung bemühen, so können wir auch die Traumsprache wieder erlernen. Ich schließe meine Ausführung mit dem Slogan, den ich gerne zum Abschluß meiner Seminare sage:

Verträumen Sie nicht Ihr Leben,
leben Sie Ihre Träume!

Weniger anthropomorph und daher traditionellen Visionen entsprechender ist dieser Seraph mit den beiden flammenden Ophanim.

In Aleppo aufgefundener Bronzespiegel aus dem 6. Jahrhundert

Der Engel des Angesichtes

Der Engel des Angesichtes ist ein wenig bekanntes Urbild eines Engels. Als reines Flügelwesen gehört er in die Engelhierarchie der Seraphim. Die meisten Seraphim werden mit sechs Flügeln dargestellt. Als Textvorlage dürfte dem Künstler des Spiegels die Vision des Jesaja (Kap. 6) gedient haben, in der von Geistwesen die Rede ist, die mit sechs Flügeln bedeckt waren. In der biblischen Überlieferung wird gelegentlich von dem Angesicht Gottes oder dem Angesicht eines Engels gesprochen. Bei dem Märtyrer Stephanus, der von einem göttlichen Geist und außerordentlicher Weisheit erfüllt war, wird bei der Verhandlung vor dem Hohen Rat von den Mitgliedern festgestellt, daß ihnen sein Angesicht erschien wie das Gesicht eines Engels. Tiefenpsychologisch betrachtet ist das Angesicht ein Symbolaspekt des sogenannten Großen Runden (nach Erich Neumann), was sichtbar an dem Körper eines Menschen seine Ganzwerdung und Heilung zum Ausdruck bringt.

In dem Engel des Angesichtes, der in meinem Traum schließlich den Platz meines Bruders einnimmt, bin ich einer bisher so nicht beachteten spirituellen Brüderlichkeit mit den höheren Geschwistern in der geistigen Welt ansichtig geworden. In der esoterischen und heutigen spirituellen Literatur werden Engel und andere Geistwesen gelegentlich auch als »Höhere Geschwister« bezeichnet. Zu ihnen bin ich durch den für mich wichtigen Traum in eine brüderliche Beziehung getreten. Darüber hinaus heilen die spirituellen Energien dieses Traumes auf einer höheren Ebene mein kindliches Trauma, das ich vor nahezu 50 Jahren infolge der Kriegserfahrungen mit Flucht und Tod der damals 17jährigen Schwester erlitten habe. Nachdem ich früher in den Gottesdiensten oftmals gebetet habe, »laß leuchten dein Antlitz, so genesen wir!«, sind mir durch diese Erscheinung des Angesichtes des Engels weitere spirituelle Heilkräfte zugeflossen, die wichtige

Puzzleteilchen zu meinem Selbstbild sichtbar und spürbar gemacht haben.

Der Engel des Angesichtes kann auch in anderen runden Symbolen oder Sinnbildern erscheinen, die in Träumen oder Kunstwerken einen unvergeßlichen Eindruck auf uns machen und eine heilende Wirkung ausüben, indem sie unser zerstückeltes Selbstbild wieder zusammenfügen und neu ordnen. Vielleicht werden Sie angeregt, über eigene Erfahrungen oder Träume mit ähnlichen Symbolen nachzudenken und damit die Heilkräfte der Symbole und ihre spirituellen Energien bewußter in das persönliche Leben zu integrieren. Wenn Sie über spirituelle Symbole meditieren wollen, können Sie sich dazu die Affirmationen und Leitsätze wiederholen:

– Ich strebe darnach, daß mein Leben ganz und meine Seele rund und schön wird!

– Im Angesicht des Engels erkenne ich mein Selbstbild!

Die Wiederkehr der Engel

Wir leben gegenwärtig in einer Zeit, in der viele Menschen von der Wiederkehr der Engel berichten. Einige Zeugnisse und Texte von Erscheinungen der Engel werde ich später zur Verdeutlichung dieses Phänomens bringen. Hier geht es mir zunächst darum, einige mögliche Gründe für die Wiederkehr der Engel zu beschreiben. Schon das Wort Wiederkehr zeigt an, daß Engel zurückkommen und den Menschen *wieder* erscheinen. Mit einigen Sinnbildern möchte ich diese Wiederkehr verdeutlichen. So wie die Sonne jeden Abend untergeht und wir nach der Erddrehung mit dem Morgenrot ihre Wiederkehr erwarten, so scheint es, nach dem Zeitalter einseitiger Aufklärung und des Materialismus wieder mehr Aufmerksamkeit für die Engel zu geben. Viele Menschen interessieren sich für psychologische Fragen und achten auf die Bilder und Botschaften ihrer eigenen Seele, wozu auch das Interesse an neuen Ausdrucksformen der Spiritualität gehört. Diesem Aspekt werde ich mich später ausführlicher zuwenden.

Schließlich gibt es noch eine spezielle tiefenpsychologische und therapeutische Verstehensmöglichkeit für die Wiederkehr der Engel in unserer Zeit. Dies hängt mit dem sogenannten kompensatorischen Ausgleichsprozeß zwischen dem Bewußtsein und dem Unbewußten eines Menschen zusammen. Alle Erlebensweisen, Gefühle und Werte, die im Bewußtsein keinen Raum haben und verdrängt werden, verschwinden im Unbewußten, in den dunklen Tiefenschichten der Seele. Irgendwann ist dann das Maß voll, und es kommt zur sogenannten Wiederkehr des Verdrängten. In jedem therapeutischen Prozeß geht es um die Auseinandersetzung und Bearbeitung dieser vergessenen Lebensinhalte. Ich beschreibe diesen Prozeß gerne allgemeinverständlich mit einem Sinnbild: Aus Neu-Rosen sollen wieder Rosen werden! Jeder Mensch, der in seinen geistigen und seelischen Entwicklungsprozessen nicht zu gravierend beeinträchtigt wurde, kann wachsen wie eine Rose. In diesem therapeutischen Prozeß, der nach C.G. Jung Individuationsprozeß genannt wird, erfahren viele Menschen, daß sie nicht nur beziehungs- und liebesfähiger oder arbeitsfähiger und kreativer werden, sondern daß sie auch eine vergessene spirituelle Dimension in ihrer eigenen Seele wiederentdecken. Dieser sogenannte spirituelle Kanal in der eigenen Seele ist so etwas wie eine Leitung, durch die die Engel zu uns kommen.

Im Altertum, als man derartige Leitungen noch nicht kannte, waren die Leiter oder die Bäume die Symbole für den Verkehr der Engel mit den Menschen. Ein Beispiel dafür ist der bekannte Traum des Jakob im Alten Testament (Genesis 28): Er sah eine Leiter, die bis zum Himmel reichte, auf der die Engel herauf- und hinabstiegen. Beachten wir diese Beschreibung genauer, dann fällt uns auf, daß als erstes von dem *Auf*stieg der Engel berichtet wird. Darin dürfte die Erfahrung und der Glaube zum Ausdruck kommen, daß die Engel zunächst ihren Aufenthaltsort auf der Erde und bei den Menschen haben. Wenn wir dagegen Menschen unserer Zeit nach ihren Vorstellungen von Engeln befragen würden, dann würden die meisten wohl sagen, daß die Engel in einer geistigen oder göttlichen Welt sind und zu den Menschen *herab*kommen. Hinter diesen unterschiedlichen Auffassungen stehen bestimmte Weltbilder, die unsere Vorstellungen von Engeln bestimmen und beeinflussen. In neueren Weltbildern dagegen sind diese gegensätzlichen und unüberbrückbar erscheinenden alten Auffassungen aufgehoben. Wie eine Medaille zwei Seiten hat, so können sich viele von uns auch vorstellen, daß die

Innenwelt und die Außenwelt unlösbar zusammengehören und lediglich zwei verschiedene Beschreibungen darstellen. Unten und oben, Vergangenheit und Zukunft, Menschliches und Göttliches erscheinen nicht mehr so gegensätzlich und unüberbrückbar, wie dies uns alte Weltbilder vor Augen gemalt haben.

Für den Umgang mit Engeln ist mir persönlich die symbolische Betrachtung dieses spirituellen Phänomens hilfreich und wichtig geworden. Während das traditionelle Denken und die rationale Logik sagen, daß zwischen Engeln und Menschen ein unüberbrückbarer Gegensatz besteht, finden wir durch die symbolische Sicht der Engel eine Leiter oder wie wir bereits sagten, einen spirituellen Kanal, durch den Engel und Menschen miteinander in Verbindung treten können. Mit der symbolischen Sichtweise habe ich bereits einen wichtigen Hinweis gegeben, wie man die Wiederkehr der Engel in unserer Zeit besser verstehen kann. Die symbolische Deutung ist auch deswegen den Engeln besonders angemessen, weil sich in ihrer Gestalt die göttlichen Kräfte und Energien mit menschlich faßbaren Erscheinungsweisen verbinden, wenn Engel uns in spirituellen Lebenskrisen erscheinen. Engel sind Botschafter und Mittler für den Menschen, weil sie das Angesicht Gottes sehen und uns Menschen etwas von diesem Glanz vermitteln und damit unsere Seele ganz zu machen vermögen.

Eine zweite Sichtweise der Engel ist für mich die tiefenpsychologische und therapeutische. Durch meine analytische Ausbildung (1968-74), speziell in der Tiefenpsychologie nach C.G. Jung, und durch die persönliche Lehranalyse habe ich mich mit den Tiefenschichten der Seele und deren Inhalten vertraut gemacht und dadurch auch eine neue Sicht für die Engel bekommen. Mich interessieren besonders die therapeutischen Wirkungen der Engel, weil sie uns Menschen heilen und darüber hinaus heilig machen können. Den Hinweis auf Ganzwerdung möchte ich in diesem Zusammenhang mit der Heilung der Person verbinden. Durch meine therapeutischen Erfahrungen kann ich die Überzeugung von C.G. Jung bestätigen, daß Menschen in ihrem therapeutischen Prozeß dann einen entscheidenden Schritt zur Heilung erfahren, wenn sich ihnen die spirituellen Quellen in der eigenen Seele öffnen.

Schließlich interessieren mich die Engel als ein spirituelles Phänomen, speziell in der geistesgeschichtlichen Situation unserer Zeit. Engel können uns zu einer neuen Spiritualität verhelfen. Zum tieferen Verständnis von Spiritualität, von der heutzutage in so vielfältiger und auch verwirrender Weise die Rede ist, habe ich mir durch das Studium der Theologie (1959-64) eine gute Grundlage geschaffen. Ich habe mich während dieser Zeit speziell mit den biblischen Texten und deren Botschaft über die Engel vertraut gemacht. Um uns den Engeln als spirituelle Begleiter des Menschen anzunähern, werde ich daher jetzt einige Ausführungen zu einer neuen Spiritualität machen.

Die Erscheinung des Engels von Marc Chagall
1917/18 in Witebsk gemalt »Ein gemalter Traum«

Die Engel von Chagall

Marc Chagall ist zu dem bekanntesten und größten Engelmaler unserer Zeit geworden. Eingeweiht in die Welt der Engel wurde er durch einen Traum in seiner Petersburger Zeit von 1910, der lautet:

»Es ist dunkel, plötzlich öffnet sich die Zimmerdecke und ein geflügeltes Wesen steigt mit Getöse herunter und erfüllt das Zimmer mit Bewegungen und Wolken. Ein Rauschen von schwingenden Flügeln. Ich denke: ein Engel. Ich kann die Augen nicht öffnen, es ist zu hell, zu leuchtend. Nachdem es das ganze Zimmer durchschritten hat, erhebt sich das Wesen und verschwindet durch die Spalte in der Decke. Es wird wieder dunkel. Ich erwache. Mein Bild *Die Erscheinung* beschwört diesen Traum herauf.«

Das Getöse, wie es im Traum heißt, und die spirituellen Schwingungen, die der Engel in den Raum bringt, sind in seinen Flügeln und in seiner ganzen Gestalt wahrnehmbar. Die Flügel des Engels, die von manchen auch Schwingen genannt werden, können nach meiner Deutung auch ein Symbol sein für die kosmischen Schwingungen, die uns im Engel erfahrbar werden. In vielen anderen Bildern von Chagall, insbesondere bei seinen Liebespaaren oder anderen erotisch anmutenden Szenen, geht von den Engeln auch eine erotische Schwingung aus. Nach Alfons Rosenberg ›ist die Spannweite dessen, was bei Chagall der Engel bedeutet, ungemein groß. Oft sind es die Gestalten biblischer Boten, dann wieder Geister der Liebe, zuweilen auch geflügelte Elementargeister. Und schließlich dient die Beflügelung von Tieren und Dingen dazu, um das Wehen des Geistes in allen Dingen auszudrücken. Denn die Dinge und Lebewesen sind für Chagall nicht so fixiert, wie dies unsere eingeschränkte Logik wahrhaben will. Für ihn ist die ganze Schöpfung noch in Bewegung und im Werden, weshalb jederzeit in ihr das Unausdenkbare und Un-

vorhersehbare Ereignis werden kann. Die Symbole für die Bewegtheit der Schöpfung durch Liebe und Geist sind für Chagall die Engel.«« (Chagall träumt Gott, Furche 1965, S. 15)
Der Jude Chagall stammt aus dem mystischen Ostjudentum, dem es wichtig war, Gott in der Welt und durch die Welt zu erleben. Dazu gehört auch, den göttlichen Eros in der menschlichen Liebe zu erfahren. In der Diesseitsmystik von Chagall kann Gott unvorhersehbar in Blumen und Steinen, in der Liebe zwischen Mann und Frau sichtbar werden. Bei Chagall können wir wieder lernen, wie alle Dinge und Erscheinungen dieser Welt vom göttlichen Geist und seiner Liebe durchweht sind.

Aspekte neuer Spiritualität

Mit dem Begriff Spiritualität beschreibe ich Grenzerfahrungen des Menschen, die weder aus seinem körperlich-materiellen Bereich noch allein aus seelischen Antriebskräften eindeutig zu erklären sind, sondern darüber hinausgehen. Spiritualität führt zu einer Ausweitung der Erfahrungen und ermöglicht eine Grenzüberschreitung des sogenannten Normalen. Vielleicht trifft der Begriff der Be-Geisterung das hier Gemeinte am ehesten, wenn wir daran denken, was wir alles vermögen, wenn wir für eine Sache oder einen Menschen begeistert sind. Eine derartige Begeisterung setzt Energien frei, die man in der Regel beim normalen Ablauf des Lebens nicht zur Verfügung hat. Mit dieser Begeisterung geht häufig auch außergewöhnliche Lebendigkeit einher, die sich im körperlichen Bereich als besondere Vitalität erweist, im seelischen Leben als Phantasiereichtum und Imagination erfahren wird und in der geistigen Vorstellungswelt als Inspiration durch besondere, schöpferische Ideen erlebt werden kann.

Unter Inspiration wird religionsgeschichtlich und geistesgeschichtlich eine »Einhauchung« verstanden, in der den Menschen göttliche Weisungen oder eine besondere Weisheit mitgeteilt wird. Als Beispiele für derartige Inspirationen seien die Propheten des Alten Testaments genannt und die Pythia, die Seherin des delphischen Orakels. Sie wurde zu ihren Orakeln und Weissagungen durch aus einem Erdspalt aufsteigende Dämpfe inspiriert, über dem sie hockte. Schließlich sei noch auf die Ekstase und das Inspirationserlebnis von Schamanen hingewiesen: Schamanen ver-

setzen sich mit Hilfe des Schlagens der Trommel und des Tanzes sowie des Genusses von Narkotika in einen Trancezustand, der ihnen dann Inspiration und Weissagung ermöglicht. Durch methodisches Training werden die psychischen Anlagen des Schamanen entwickelt; sie befähigen ihn zu der besonderen Begeisterung und damit zur Inspiration aus der Geisterwelt.
Wichtig erscheint mir, daß die Einhauchung eines besonderen Wissens schon in der Antike nicht nur auf die genannten Spezialisten begrenzt war, sondern daß auch die spezifische Inspiration der Dichter und anderer Künstler dazugerechnet wurde. Damit zeichnet sich bereits im Altertum eine Erweiterung des Begriffes und des Verständnisses von Spiritualität ab, die auch in der Gegenwart zu beobachten ist. Wenn heutige Menschen von Spiritualität sprechen, beschreiben sie damit Erfahrungen, die weit über das normale Leben hinausgehen. Viele denken dabei an einen zündenden Funken, der bei einem Erlebnis auf sie überspringt oder in der Begegnung mit einem spirituell lebenden Menschen für sie wahrnehmbar wird. Auch Erfahrungen von einer besonderen Gefühlstiefe oder tiefe Einsichten in den Sinn des Lebens werden mit Spiritualität in Verbindung gebracht. Auch die schon genannte Begeisterung wird in diesem Zusammenhang gesehen. Diese außergewöhnliche Begeisterung wird von vielen Menschen auch als numinos bezeichnet. Eine derartige dynamische Wirkung kann entweder von einem sichtbaren Objekt, wie zum Beispiel einem Symbol, ausgehen oder der Einfluß einer unsichtbaren Gegenwart oder Macht sein. Das Numinose kann nicht mit dem menschlichen Willen erwirkt oder bezwungen werden. Das Numinose ist nicht nur eine außergewöhnliche Erfahrung, sondern ein Widerfahrnis. Nach der Tiefenpsychologie C.G. Jungs ist das Numinosum die Erfahrung einer gewaltigen und bezwingenden Kraft und die Konfrontation mit einer überzeugenden Macht, die einen schicksalhaften Sinn in sich trägt. In diesem Sinne können wir das Numinose auch als eine religiöse Erfahrung beschreiben, die uns ein individuelles oder kollektives

Gottesbild vermitteln kann. Ähnlich wie in der Psychose ein pathologischer Komplex und ein überpersönliches Energiefeld aus dem Unbewußten in das Bewußtsein des Menschen einbricht, so können wir durch das Numinose aus einer überpersönlichen geistigen Welt inspiriert werden.

Spiritualität ist eine besondere Form der Geistlichkeit des Menschen, die sich nur schwer eindeutig definieren läßt. Im Sinne der Tiefenpsychologie C.G. Jungs können wir Spiritualität als eine Art intuitive Kraft bezeichnen, die es dem Menschen ermöglicht, seine Alltäglichkeit und Normalität zu transzendieren und bei diesen Grenzüberschreitungen Erfahrungen zu sammeln, die das Bewußtsein erweitern. In einer derartigen Begeisterung und mit Hilfe dieser Geisterfahrung wird es dem Menschen möglich, die für das normale Erleben auseinanderliegenden Ereignisse oder sogar Gegensätzlichkeiten in sich selber zusammenzubringen und in diesen Erfahrungen einen Sinn zu finden. Spiritualität verhilft uns dazu, einen Sinn in der Sinnlichkeit zu finden. Mit Sinnlichkeit werden hier alle sinnlichen Wahrnehmungen des Menschen gemeint, wie Hören, Sehen, Schmecken und Riechen usw. Die Informationen, die wir durch diese Wahrnehmungskanäle aufnehmen, können durch die dem Menschen mögliche Spiritualität in einen ganzheitlichen Lebenszusammenhang gebracht und dadurch in ihrer Bedeutsamkeit tiefer erfaßt werden.

In spirituellen Lebensprozessen haben lebendige Symbole und das Selbst als Kernenergie der Seele eine wichtige Bedeutung und Wirkung. C.G. Jung hat in seinem tiefenpsychologischen Lebenswerk der Erforschung des Selbst als Zentrum des Unbewußten und der unvorstellbaren potentiellen Gesamtpersönlichkeit des Menschen große Beachtung geschenkt. Dem sogenannten Ich des handelnden Subjektes steht das Selbst als Energiezentrum der größeren und umfassenden Gesamtpersönlichkeit gegenüber. Dieses Selbst bietet eine Verstehensmöglichkeit für die Gegensätzlichkeit der menschlichen Natur und die vielgestaltigen Paradoxien

von Gut und Böse sowie für spirituelle Erfahrungen. Für viele Menschen erweist sich die Vorstellung als hilfreich, daß dieses Selbst so etwas wie der Landeplatz oder die Wirkstätte des göttlichen Geistes in der Seele des Menschen sei. Das Selbst äußert sich in den Selbstregulierungsprozessen des Organismus und im seelischen Erleben des Menschen. Dieses Selbst ist Anfang und auch Ziel der Wachstumsprozesse für ein ganzheitliches Leben. Der Prozeß der Ganzwerdung ist unlöslich verbunden mit dem Erleben von Gegensätzlichkeiten in der eigenen Person. In einem existentiellen Erfahrungs- und Leidensprozeß werden die kränkenden und krankmachenden Gegensätze durch lebendige Symbole aus dem Selbst überbrückt. Symbole für das Selbst sind in Träumen, Mythen und Märchen die Figuren von übergeordneten Persönlichkeiten, wie z.B. König, Held, Prophet, Heiler. Auch Ganzheitssymbole wie der Kreis, das Viereck oder die Symbolik von Yang und Yin sind Ausdruck dafür, daß im Selbst das Spiel von Licht und Schatten, von Gut und Böse erscheint.
Die Ausstrahlung des Selbst und die therapeutischen Wirkungen dieses Energiezentrums möchte ich im Hinblick auf vier grundlegende Erfahrungen beschreiben, die zugleich auch eine spirituelle Dimension haben. Ich denke dabei an den Heilungsprozeß und die Liebesfähigkeit des Menschen, sein Selbst-Vertrauen und das Wertesystem. Bedenken wir diese vier Aspekte im einzelnen. Der psychotherapeutische Heilungsprozeß eines Menschen kommt dann zum entscheidenden Durchbruch, wenn die Heilquelle des Selbst zu fließen beginnt und damit die gestörten Ich-Funktionen und die neurotischen Verzerrungen in einem längeren Prozeß aufgelöst werden. Jeder erfahrene Therapeut weiß, daß die Heilung eines Patienten und die Ganzwerdung eines Menschen nicht methodisch machbar sind, sondern aus den Heilwirkungen des Selbst hervorgehen. Viele Patienten, die eine derartige Heilung erleben, fühlen sich zu ganzheitlichen Beziehungen und, soweit sie christlich orientiert sind, auch zu einer vertrauensvollen Beziehung zu Gott befähigt. Durch die Heilung wird für viele

Menschen der Boden bereitet für das Widerfahrnis des Heils. Auch in unserer Sprache kommt diese enge Beziehung zwischen Heil und Heil-ung zum Ausdruck, beide Begriffe gehören zu dem gleichen Wortfeld. Damit ist auch die spirituelle Dimension des Selbst in den Blick gekommen.

Einen weiteren Aspekt des spirituellen Selbst erkennen wir im Zusammenspiel von Selbst-Vertrauen eines Menschen und seinem Gott-Vertrauen. In vielen Beratungsgesprächen und Therapiekontakten habe ich miterleben können, daß auch christlich orientierte Menschen so lange kein Gottvertrauen fassen konnten, wie nicht das Selbstvertrauen in ihnen geweckt wurde und zu wachsen begann. Mit der Schreibweise Selbst-Vertrauen wollte ich bereits zum Ausdruck bringen, daß dies keine egoistische Selbstbezogenheit meint, sondern seine Wertigkeit und seine Überzeugung aus den Quellen des höheren oder spirituellen Selbst bezieht.

Auch die Liebesfähigkeit eines Menschen erwächst aus den Quellen des Selbst. Die ganzheitliche Liebe ist auf Dauer nur erfahrbar, wenn sie unter dem Einfluß des Selbst steht und aus diesen tiefen Quellen der Seele immer aufs neue Energien zugeführt bekommt. In dieser ganzheitlichen Liebe sind die körperliche Sexualität, die erotischen Liebesgefühle und die geistige Verantwortung für diese komplexen Erlebnismöglichkeiten unlöslich miteinander verwoben. Zur ganzheitlichen Liebe gehört die Selbst-, Nächsten- und Gottesliebe. Auch diese drei Erfahrungsbereiche sind auf Dauer nur lebbar, wenn die Kraft dazu aus dem spirituellen Selbst fließt.

Die Beziehungen zum Selbst bestimmen auch das Wertsystem eines Menschen insofern, als er bei wichtigen Lebensentscheidungen nicht nur alle wichtigen äußeren Fakten berücksichtigt, sondern auch auf die innere Stimme hört, die nach einiger Erfahrung auch zum Empfangsorgan für die Stimme Gottes im eigenen Gewissen werden kann. Bei der Komplexität des Lebens und dem Eingebundensein des einzelnen in viele Zusammenhänge und Abhängigkeiten, versteht es sich von selbst, daß die Wertorientierung am Selbst und das Hören auf die innere Stimme oftmals nicht eindeutig, sondern vieldeutig sein kann und es auf diesem Wege höchster Anstrengung bedarf, um richtige Entscheidungen zu treffen. Doch es ist schon viel gewonnen, wenn die Ausrichtung auf das Selbst und auf Gott gegeben sind und damit eine Zielrichtung vor Augen steht. In Analogie zu der biblischen Anweisung: Man muß Gott mehr gehorchen als den Menschen, können wir in tiefenpsychologischer Formulierung sagen: Man muß mehr auf das Selbst und die innere Stimme hören als auf die kollektive Moral. Daß derartige Überzeugungen eines Menschen nicht nur aus dem Ich hervorgehen, sondern aus dem spirituellen Selbst entspringen müssen, dürfte plausibel sein.

Die nur in aller Kürze gegebenen Beschreibungen von vier grundlegenden Erfahrungsbereichen des Menschen, nämlich seine Heilung und sein Selbst-Vertrauen, seine Liebesfähigkeit und sein Selbst-Wertgefühl, sind in sich schon von einem hohen Wert. Zugleich bilden diese Erfahrungen die Basis für eine höhere Dimension, die ich mit dem spirituellen Selbst oder ganz allgemein mit Spiritualität bezeichnet habe.

Aus den dargelegten Aspekten heutiger Spiritualität kann sich aus der Sicht der Tiefenpsychologie für das weitere und tiefere Verständnis der Engel nun ergeben: Engel sind Grenzgänger und können uns begleiten und helfen, die oftmals einengenden Grenzen unserer Normalität, oder was wir dafür halten, zu sprengen; sie eröffnen uns durch Träume neue innere Erlebnisräume und äußerlich neue Lebensräume; sie inspirieren oder begeistern uns, auf daß wir etwas planen und anpacken, was unser Leben weitet und heilt.

Nach meiner Auffassung sind Engel so etwas wie ein spirituelles Symbol im Selbst. So wie das Ich und das Bewußtsein eines Menschen in einer Art Ich-Selbst-Achse miteinander verbunden sind, so sind die Engel die anordnenden Energien im Selbst des Menschen. Damit haben wir ein gewisses Modell dafür gefunden, wie wir mit den Engeln kommunizieren können. Wenn wir uns auf die Begegnung mit Engeln einlassen und unsere Schritte »engelwärts« (Rose Ausländer) lenken, dann wächst auch wieder unser Vertrauen auf uns selbst und vor allem auf den heilenden Einfluß des Selbst, wo die Engel wohnen. Diese Engel können uns nicht nur inspirieren, sondern auch erotisieren, indem sie Gefühlsseiten in uns zur Schwingung bringen, die im normalen Leben verdeckt bleiben. Nach einem alten Mythos ist es die Energie des Eros, der die verletzte Natur des Menschen wieder heilt.

Paul Klee: Angelus Novus, 1920
Israel Museum, Jerusalem.
»Jeder Engel ist schrecklich« (R.M. Rilke)

Der Engel von Paul Klee

Der Angelus Novus von Paul Klee zeigt uns eine neue Gestalt des Engels, der eine Entsprechung hat in den Engelerscheinungen bei heutigen Menschen. Als ich einige Monate nach meinem Engel-Traum diese Karte zufällig entdeckte, fühlte ich mich spontan angesprochen, weil diese Darstellung des Engels eine große Ähnlichkeit mit meinem Traum hat, weil der Kopf des Engels und weniger seine Körpergestalt betont wird. Nach meiner Deutung ist der Kopf bei Menschen und Engeln der Sitz der Geist-Seele. Wobei diese nicht abstrakt zu verstehen ist, sondern durch die verschiedenen Wahrnehmungskanäle eine uns verständliche und menschliche Seite aufweist, wie der Engel von Klee. Besonders betont sind die Augen, die großen Ohren und der sprechende Mund: Der Künstler erinnert uns daran, daß Engel erscheinen und gesehen oder gehört werden können und ihr Mund uns eine Botschaft überbringt. Auf der Darstellung fließt von den Augen aus ein goldenes Licht herab und gelangt durch einen weiten Kanal in die Personmitte, ins »Herz«, welches symbolisch durch einen rötlichen Farbton angedeutet ist. Die erhobenen Arme und Hände bilden die Gestalt eines Gefäßes, das die verschiedenen Einflüsse aus der spirituellen Welt aufnimmt und in die Person integriert.

Dieser ganz auf Empfang eingestellte Engel ruft uns in Erinnerung, daß Engel Mittler sind; sie vermitteln den Menschen Botschaften aus der göttlichen Welt sowie der spirituellen Wirklichkeit. Zu dieser Funktion gestaltet Klee die »Haare« wie Antennen, die nach allen Seiten ausgerichtet sind, um die Schwingungen aus der göttlichen Welt aufzunehmen. Beachtungswert sind auch die Vogelfüße des Engels; der Künstler will wohl daran erinnern, daß sie zu uns kommen wie Vögel.

Lassen wir den Engel in seiner ganzen Gestalt auf uns wirken, fällt besonders die Dreiteilung auf. In meiner aktiven Imagination dieses Bildes habe ich in der Gestalt dieses Engels den Lebensbaum gesehen, der Klee aus der kabbalistischen Tradition bekannt war. Der Kopf des Engels entspricht den drei geistigen Energiefeldern in dem spirituellen Dreieck (Binah = Wissen, Chockmah = Weisheit, Kether = Krone), der Bereich der Arme und der Oberkörper gehören im Lebensbaum zu den drei emotionalen Energiefeldern (Geburah = kraftvolle und zerstörerische Energien, Chessed = Gnade, Anmut, Liebe und Tipheret = Schönheit, vegetative Energien). Zu dem unteren Beziehungsdreieck gehören alle Erfahrungen in Raum und Zeit (Hod = Kommunikation, Abgrenzung, Nezach = Vitalität, Natürlichkeit »Grünkraft«, Jessod = Gerechtigkeit, Ausgewogenheit und Balance). In meiner therapeutischen und tiefenpsychologischen Deutung dieses Urbildes habe ich mehrfach auf die spirituellen Heilkräfte hingewiesen, die in den Engeln ihren symbolischen Ausdruck finden. Ich begrenze mich hier bewußt auf die persönliche Deutung des Angelus Novus von Klee und verweise die an kunstgeschichtlichen Interpretationen Interessierten auf die Fachliteratur.

Die Erotik der Engel

Zur Einstimmung auf das Thema »Die Erotik der Engel« lade ich Sie zunächst zu einer persönlichen Bildbetrachtung des farbigen Titelbildes ein. Vielleicht liegt es Ihnen nahe, den Gesamteindruck mit den Farben und Gesten auf sich wirken zu lassen, wie zum Beispiel den Augen- und den Gesichtsausdruck des Engels sowie den strahlenden Blick des verliebt erscheinenden Tobias. Ferner mögen Sie Ihr Augenmerk auf die Gestik der Hände und den Ausdruck der Füße lenken. Schließlich mögen Sie für sich entdecken, was Ihnen an der Beziehung der beiden als erotisch erscheint.

Im Anschluß daran möchte ich Ihnen meine Assoziationen und Betrachtungen mitteilen, worin ich die erotischen Schwingungen zwischen Tobias und dem Engel sehe. Ich beginne mit den strahlenden Augen des verliebt dreinschauenden Tobias. Der Künstler stellt uns einen verliebten jungen Mann vor Augen. Obwohl der Engel die Augen niederschlägt und vermutlich ganz anders denkt wie Tobias, strahlt dieser ihn an. Er achtet auch nicht auf das in Herzhöhe dargereichte Gefäß mit der Heilsalbe, sondern scheint gerade mit »Gedankenlesen« beschäftigt zu sein, so wie alle verliebten Menschen in solchen Begegnungen ihre Gefühle auf das geliebte Du projizieren.

Nach meiner Deutung hat der Maler jene herzbewegenden Augenblicke festgehalten, als Raphael von der Schönheit und Klugheit der fernen Sara erzählt und den schüchternen jungen Mann zur ersten Liebe ermutigt. Der Engel weiß auch die Ängste des Tobias vor dem Dämon zu beseitigen, der zuvor bereits sieben Freier der Sara in der Brautnacht getötet hat. Der Engel erzählt, daß das Räucherwerk aus dem Herzen und der Leber des Fisches den Dämon vertreiben wird und sie ein glückliches Paar werden. Der Engel beschließt seine Ermutigung zur Liebe mit den Worten: »Hab also keine Angst; das Mädchen ist schon immer für dich bestimmt gewesen. Du wirst sie aus ihrer Not befreien; sie wird mit dir ziehen und wird dir gewiß Kinder schenken. Als Tobias das hörte, faßte er Zuneigung zu dem Mädchen, und sein Herz gehörte ihr« (Tobit 6,18). Diese Zuneigung und die erwachte Liebe des Herzens strahlt aus Tobias Augen und wird auf den Engel projiziert, ähnlich, wie wenn wir mit jemandem über die Liebe sprechen und dadurch fast unmerklich in das erotische Energiefeld der verliebten Seelen hineingezogen werden. Die Beschwingtheit durch die Liebesgefühle wird bei Tobias in dem wehenden Umhang und in den Schwingen des Engels mit den schwarz-rot-goldenen Farben zum Ausdruck gebracht. Während das Rot als Symbolfarbe für Liebe und Erotik in der geistigen Dimension des Engels in seinen Flügeln sowie zierlich in den roten Schnüren seiner Sandalen zu sehen ist, hat die Liebe bereits das Herz des Jünglings ergriffen und pulsiert in seinen (Ge-)Beinen. Die enganliegenden roten Hosen bringen auf symbolische Weise zum Ausdruck, daß er schon ganz auf Liebe eingestellt ist. Tobias geht auf Freiersfüßen, wie eine Redensart sagt. Diese Macht der Liebe und der Erotik hat der Künstler in einem weiteren Detail zum Ausdruck gebracht: wie Tobias mit dem Daumen den Unterarm des Engels berührt. Ähnlich wie unsere Redensart »vom Daumen drauf« diese Macht bekundet, so kann diese Gestik in dem Bild wie in den Träumen auch ein Symbol für die Liebe sein.

Einen weiteren Ausdruck für die Erotik des Engels können wir in seinen nackten Füßen mit den roten Schnüren sehen, während Tobias noch in diesem Bereich buchstäblich zugeschnürt ist. Er ist zu diesem Zeitpunkt also noch nicht von Kopf bis Fuß auf

Liebe eingestellt, wie dies in verhaltener und verinnerlichter Weise bei dem Engel der Fall zu sein scheint. Die erotische Symbolik der Füße, die häufig auch in der Bildersprache der Träume erscheint, findet sich etwas versteckt auch in dem bekannten Volkslied: »Wenn alle Brünnlein fließen«. Dort heißt es: »Wenn ich mein' Schatz nicht rufen darf, tu ich ihm winken – und treten auf den Fuß«. Aber so weit ist es bei dem verliebten Tobias noch nicht. Er ist zunächst ganz Aug' und Ohr für die Belehrungen des Engels in Sachen Liebe.

Das Sprachbild vom Fließen der Brünnlein und der Liebesgefühle sehe ich, übertragen in unser Bild, in den liebevollen Bewegungen und in den fließenden Formen. Die Erweckung der erotischen Projektionen durch den spirituellen Begleiter bringt die Liebesgefühle zum Fließen. Aus zahlreichen Gesprächen und Therapien mit ratsuchenden Menschen weiß ich um die tiefe Sehnsucht nach liebevollen Beziehungen. Auffällig ist diese Sehnsucht bei Menschen, die seit Jahren an Computern arbeiten. Wenn sich dann des Nachts bei ihnen die Schleusen der Seele in den Träumen öffnen, geht von den inneren Seelenpartnern oftmals eine starke erotische und / oder sexuelle Anziehungskraft aus, welche tagelang die Stimmung oder die Phantasie beeinflussen kann. Zwischen diesen Traumbildern erscheint in spirituellen Lebenskrisen und Schwellensituationen des Lebens manchmal auch das Bild eines Engels, der uns an die fast ganz vergessene Spiritualität erinnert. In dem ganzheitlichen Erleben unserer Person fließen die erotischen Phantasien und die spirituellen Energien fortwährend ineinander, wie dies auch in der Symbolik von Yang und Yin dargestellt wird. Der Sinn dieses sinnlich wahrnehmbaren Fließens scheint darin zu liegen, unsere realen Beziehungen zu »beseelen« und darüber hinaus auch in eine zufriedenstellende Beziehung zu uns selbst und dem inneren Selbst zu kommen, wo der Engel wohnt.

Abschließend lade ich Sie zu einer symbolischen Deutung des gesamten Bildes auf der Subjektstufe ein, wonach alle Details

eines Bildes wie auch eines Traumes oder die vorkommende Personen Anteile in einer Person darstellen. In dem Engel erscheint nach dieser Deutung das spirituelle Selbst des Tobias als die größere und umfassendere Persönlichkeit. Dieses große Selbst ist für uns als Betrachter des Bildes recht anschaulich in dem größeren Engel dargestellt. Nach dieser Deutung wird Tobias vor seiner realen Liebesbeziehung zu der schönen und klugen Sara durch das Erscheinen seines inneren Seelenbildes (Anima) vorbereitet. Zur tiefen Liebe gehört das Gefühl, schon immer füreinander bestimmt zu sein, ähnlich wie auch der Engel, subjektstufig als innere Stimme verstanden, zu Tobias auf dem Wege spricht: »Das Mädchen ist schon immer für dich bestimmt gewesen!«
Zu den faszinierenden erotischen Projektionen gehört auch die Liebe von jüngeren Frauen zu älteren Männern und die Projektionen von älteren Frauen auf jüngere Männer. Diese Thematik wird in der Gegenwart oftmals in erregender Weise diskutiert und in vielen Veröffentlichungen dargestellt. Mir scheint, daß diese Thematik zeitlos ist und sich teilweise auch in unserem Bild widerspiegelt. Ob Sie es ähnlich sehen, überlasse ich Ihrer Betrachtungsweise.

Wenn ich in diesem Kapitel von Erotik der Engel spreche, so geschieht dies in der Absicht, an eine fast vergessene Qualität und Wirkung dieser Geistwesen zu erinnern. In ihrer Ausstrahlung vermögen Engel in uns Menschen Gefühle zu erwecken, welche die meisten Menschen nur aus der Begegnung mit einem geliebten Menschen kennen. Dichter und Maler dagegen haben um diese Tiefenwirkung gewußt und können diese geheimnisvollen Erinnerungen an die erotischen Ausstrahlungen der Engel auch in uns auslösen. Die Erotik der Engel betrifft jenes übersinnliche Gefühl, das durch die Begegnung mit Engeln erfahrbar wird. Es ist jene Intensivierung unserer sinnlichen Empfindungen und jene Steigerung unserer Emotionalität, die ich durch kein anderes Wort als durch Erotik zu benennen weiß. Ich könnte das auch als übersteigerte Freude bezeichnen oder als ein Außersichsein, das uns widerfährt bei der Begegnung mit der geistigen Welt der Engel.

Die Erotik der Engel beruht darauf, daß unsere Seele und die Engel miteinander in einer geschwisterlichen Beziehung stehen. In anderen geistigen und spirituellen Traditionen, wie z.B. der Gnosis, werden die Engel als das spirituelle Ebenbild der Seele verstanden. Daraus läßt sich eine erotische Liebesbeziehung zwischen beiden ableiten. Unser Engel als spiritueller Begleiter kann zugleich unser heimlicher Geliebter sein. Wer sich von der Erotik der Engel ein Bild machen will, sollte sich einmal einen Kunstband mit Engelbildern anschauen, um einen persönlichen Eindruck von deren erotischen Ausstrahlungen zu erhalten. Zu dieser Empfehlung möchte ich zugleich hinzufügen, daß wir uns bei der Suche nach Engelbildern keineswegs auf die christliche Tradition beschränken sollten, sondern auch die sinnlichen Engel aus anderen Kulturen und Religionen beachten sollten, die oftmals eine größere Sinnenfreude ausstrahlen als christliche Engel.

Wer bisher die Engel als reine Geistwesen angesehen hat, wird den Gedanken an die Erotik der Engel als eine Provokation erleben. Für andere dagegen, die sich mit der erotischen Ausstrahlung der Engel schon mehr befaßt haben, wird es wie eine Selbstverständlichkeit klingen, daß die Engel auch eine erotische Ausstrahlung und Schwingung haben können. Wie gesagt: Ich verstehe unter der Erotik der Engel deren anregende Wirkung und deren erregende Kraft in unserer Seele. Diese erotischen Energien wirken mit, wenn Menschen zu lebendiger Spiritualität gelangen oder seelisch kranke Menschen nach langen therapeutischen Bemühungen endlich den Durchbruch zur Heilung erleben. In den psychischen Heilungen und in der spirituellen Heiligung ist für mich Eros am Werke. Gelegentlich erscheint den heutigen Menschen diese erotisierende Heilkraft in den

Imaginationen oder Träumen in Gestalt eines erotisierenden Engels. Die Beziehung zwischen Eros und Heilung beschreibt Plato in seinem Mythos von dem Urmenschen, der sein wollte wie Gott. Wegen dieser Überheblichkeit wurde er zerschlagen und geteilt in zwei Wesen, die dennoch durch die erotische Anziehung zueinander streben. Am Ende dieses eindrucksvollen Mythos ruft Plato dann aus, daß Eros es sei, der die verletzte Natur wieder heilt!

Neben der heilenden Wirkung der Erotik der Engel gibt es noch einen weiteren Ansatzpunkt dafür, von Erotik in diesem Zusammenhang zu sprechen. Engel existieren in einem Zwischenreich, zwischen der göttlichen und der menschlichen Welt. Sie sind Mittelwesen, Botschafter, Mittler zwischen Gott und den Menschen. Eine ähnliche Bedeutung und Funktion hat auch die Erotik. Sie bestimmt die Beziehungsdynamik zwischen Männern und Frauen sowie zwischen gleichgeschlechtlichen Partnern und Partnerinnen. Es ist also jene Kraft, die Menschen ausstrahlen und die sie zueinanderführt. Diese Erfahrung können wir natürlich auch mit Dingen, Tieren, Musik oder Kunstwerken machen. In allem, was unsere Sinne anrührt und uns sinnlich erregt und in eine Beziehung führt, scheint Eros am Werke zu sein. Eros ist also eine besondere Eigenschaft der Psyche, ein Beziehungsprinzip. Wobei einschränkend zu sagen ist, daß nicht automatisch in jeder Beziehung Erotik enthalten oder am Werke ist. Eros kann auch unter dem Deckmantel der Macht herrschen. Dafür gibt es in der Lebensberatung oder der Therapie viele Beispiele. Viele können es auch bei sich selber oder im Freundeskreis beobachten, daß hinter der Machtproblematik oftmals die verdrängte Erotik fast unbeachtet hervorschaut. Diese Problematik mit Fallbeispielen zu belegen, würde ein ganzes Buch füllen[1].

Kehren wir wieder zur Erotik der Engel zurück. Wenn wir uns mit Engeln beschäftigen, wenn wir sie in Kunstwerken bewundern, wenn wir sie imaginieren oder wenn sie uns in Träumen erscheinen, dann können wir von erotischen Gefühlen bewegt

werden oder erotische Schwingungen können uns verwandeln. Dann bricht eine Erlebnisdimension in uns auf, die unter den vielen Alltäglichkeiten verschüttet war. Dies kann auch durch eine spirituelle Lebenskrise geschehen, wenn unsere gefertigten Charakterzüge oder gar geschmiedeten Lebensmuster einen Riß bekommen, durch den ein Lichtschein aus der Engelwelt zu uns dringt. Dieses Licht, das in unser eingeengtes Dasein fällt, erleuchtet den seelischen Innenraum und bewirkt eine Bewußtseinserweiterung. Das Licht aus der Engelwelt erhellt unser zumeist verborgenes Weltbild und läßt uns zu dem Menschen werden, wie wir eigentlich gemeint sind. Damit beginnt ein Entwicklungsprozeß von besonderer Intensität. Wenn uns das Licht aus der Engelwelt erleuchtet, gehen uns die Augen auf für eine neue Welt, ähnlich wie sich uns eine Welt eröffnet, wenn wir verliebt sind. Wenn wir das abgegriffene Wort Liebe ganzheitlich verstehen und damit die seelische, die geistige und körperliche Dimension einbeziehen, dann können wir es auch für die Erotik einsetzen. Da die Liebe eines der Hauptworte der (christlichen) Religion ist, und Gott als die Liebe bezeugt wird, haben wir eine Brücke zu der Erotik der Engel als Boten Gottes gefunden.
Um die Erotik zwischen Engeln und der Seele zu verdeutlichen, möchte ich hier einen Exkurs einfügen und als Beispiel für die erotische Liebesbeziehung das antike Märchen von Amor und Psyche in einer Nacherzählung folgen lassen. Der römische Name Amor ist eine Entsprechung zum griechischen Eros, der in der Kunst oftmals in Engelgestalt dargestellt wurde.

Amor und Psyche

Eine der reizendsten Dichtungen ist die vom Amor und der Psyche. – Unter der Psyche, mit Schmetterlingsflügeln abgebildet, dachte man sich gleichsam ein zartes geistiges Wesen, das, aus einer gröbern Hülle sich emporschwingend und verfeinert zu einem höhern Dasein, zu schön für diese Erde, durch Amors Liebe selbst beglückt, zuletzt mit ihm vermählt ward und an der Seligkeit der himmlischen Götter teilnahm. – Der Name Psyche selbst bedeutet sowohl einen Schmetterling als die Seele. – Die zartesten Begriffe von Tod und Leben sind dieser Dichtung eingewebt, welche gleichsam über die Schauer der Schattenwelt einen sanften Schleier deckt.

Auf Erden war Psyche die jüngste von drei Königstöchtern; und sie blieb unvermählt, weil wegen ihrer himmlischen Schönheit kein Sterblicher es wagte, sich um sie zu bewerben. Auf den Befehl eines Orakelspruchs mußten ihre Eltern und Freunde sie wie zum Tode, im Leichenschmuck, auf einen hohen Berg begleiten und an dem Rande eines jähen Abgrundes sie verlassen. Sobald sich Psyche allein sah, ward sie von einem Zephir sanft emporgetragen und in ein anmutiges Gefilde, wo ein glänzender Palast stand, zu Amors unsichtbaren Umarmungen hinweggerückt. – Oft warnte Amors Stimme sie, bei dem Verlust seiner Liebe, niemals, wer ihr Liebhaber sei, neugierig nachzuforschen.

Mitten aber im Genuß eines himmlischen Glücks sehnte Psyche, zu ihrem Schaden, dennoch zu ihren Schwestern sich zurück, welche, auf ihren Wunsch vom Zephir hergetragen, in ihrem Aufenthalt sie besuchten und, ihr Glück beneidend, sie auf den Argwohn brachten, ihr unsichtbarer Liebhaber sei ein furchtbares Ungeheuer, von dem sie sich befreien und es mit scharfem Eisen im Schlafe töten müsse. Die Schwestern wurden vom Zephir wieder hinweggetragen, und Psyche befolgte töricht ihren Rat. Kaum war es Nacht und Amor eingeschlummert, so trat sie mit einer Lampe und mit dem gezückten Dolche vor ihn hin, als sie statt eines Ungeheuers den schönsten unter den unsterblichen Göttern, den himmlischen Amor selbst, erblickte. Zitternd hielt sie die Lampe in der Hand, aus der ein Tropfen heißes Öl auf Amors Schulter fiel, worüber er erwachte und, da er Psychen und das tödliche Werkzeug sah, zürnend sie verließ.

Voll Verzweiflung, Amors Liebe verscherzt zu haben, suchte Psyche ihr Dasein zu vernichten und stürzte sich in den nächsten Fluß; allein die Wellen trugen sie an das jenseitige Ufer sanft hinüber, wo Pan, der Gott der Herden, ihr den Trost gab, daß sie hoffen dürfe, auf ihr Vergehen noch einst Verzeihung zu erhalten. – Die Schwestern der Psyche aber, welche die Folgen ihres Rats wohl vermuteten, wünschten nun selbst die Stelle der Verstoßnen einzunehmen und stellten sich eine nach der andern auf die Felsenspitze, wo sie glaubten, daß der Zephir (der Westwind) sie nach dem

gewünschten Aufenthalt bringen würde; allein sie stürzten in die Tiefe hinab und büßten ihren Neid und den Verrat an ihrer Schwester mit dem Tode.
Um den Amor aufzusuchen, schweifte Psyche vergebens auf der ganzen Erd umher; sie flehte zuletzt die Venus selber um Erbarmung an, welche, heftig auf sie zürnend und auf ihre Schönheit eifersüchtig, ihr die härtesten Prüfungen und die schwersten Arbeiten auferlegte, deren Ausführung oft unmöglich schien – und die sie dennoch mit Hülfe wohltätiger Wesen vollbrachte, welche Amor, der sie stets noch liebte, ihr zum Beistande schickte. Psyche aber mußte lange für ihre Torheit büßen und des verscherzten Glücks erst wieder würdig werden. Zuletzt befahl ihr Venus, selbst in die Unterwelt hinabzusteigen und von der Proserpina eine Büchse zu fordern, welche hohe Schönheitsreize in sich enthielte. Nun glaubte Psyche, sie müsse sterben, um in die Unterwelt zu kommen. Allein eine Stimme belehrte sie von jeder Vorsicht, die sie nehmen, und warnte sie vor jeder Gefahr, die sie vermeiden müsse.
Sie durfte Kuchen und Fährgeld nicht vergessen, jenen, um den Cerberus zu besänftigen, dieses, um den Charon zu befriedigen, der ihr, so wie den Toten, das Geld aus dem Munde nehmen mußte. Es waren nur die Gebräuche des Sterbens, welche von der Psyche beobachtet wurden; sie selber kehrte ans Licht empor; auch durfte sie sich dem Orkus durch nichts verbindlich machen und an dem Gastmahl Proserpinens keinen Anteil nehmen, sondern auf der Erde sitzend nur schwarzes Brot verzehren. Vor allem aber mußte sie die Büchse mit den Schönheitsreizen uneröffnet der Venus überbringen; und Psyche, welche nun in so vielen Proben bestanden war, erlag in dieser letztern. Kaum war sie der Unterwelt entstiegen, so nahm sie den Deckel von der Büchse, aus welcher ein höllischer Dampf ihr entgegenstieg, der sie in einen tiefen Todesschlummer senkte, von welchem Amor, der schon lange unsichtbar über ihr schwebte, sie wieder weckte und über diesen zweiten Rückfall in Eitelkeit und Neugier ihr nur sanfte Vorwürfe machte; denn schon war sein Entschluß gefaßt, sich mit der Psyche zu vermählen; sie ward auf seine Bitte beim Jupiter unter die Zahl der Götter aufgenommen; auch Venus ward versöhnt; Gesang und Saitenspiel ertönte, und der ganze Chor der Götter nahm an der Hochzeitsfeier des himmlischen Amors teil, mit welcher Psyche, wie der Götterfunken mit seinem Ursprunge, sich vermählte.

Erich Neumann schreibt in seiner tiefenpsychologischen Deutung dieses Märchens, daß »mit Psyche ein neues Liebesprinzip auftritt, in dem die Begegnung des Weiblichen mit dem Männlichen als Grundlage der Individuation sichtbar wird. Mit Psyches Tat sind Leiden, Schuld und Einsamkeit in die Welt gekommen – es sind die Schmerzen der Individuation«[2]. Psyche erlebt durch ihre Liebe zu Eros eine schicksalhafte Erweckung ihrer Weiblichkeit, so wie Menschen durch eine Begegnung mit ihrem Engel zu ihrer wahren spirituellen Bestimmung gelangen. Neumann schreibt, daß »Psyche im Lichte der einbrechenden Liebe den Liebhaber als Geliebten und Eros als Gott erkennt, der Oberes und Unteres zugleich und in einem ist und der beides miteinander verbindet«[3]. So wie die Engel als spirituelle Boten aus der göttlichen Welt die Menschen mit dieser verbinden, so wird auch Eros als Mittler beschrieben. Dieses Märchen macht mit seinen verschiedenen Entwicklungsstufen deutlich, daß der Weg der weiblichen Individuation und der Weg zur geistigen Welt durch die Liebe und durch Eros als den Engel der Liebe möglich wird. Hören wir dazu abschließend nochmals Erich Neumann: »Psyche entwickelt sich an Eros, an ihrer Liebe zum Geliebten, nicht nur zu ihm, sondern auch zu sich selber.«[4] Analog dazu ließe sich das gleiche auch über die Selbstverwirklichung eines Mannes sagen. Auch er bedarf der Liebe und der Erotik seines Engels und seiner Anima, um zu sich selbst, zum Selbst und darüber hinaus zur spirituellen Welt zu finden.

Kehren wir zurück zur beseelenden, erotisierenden Kraft unserer Engel-Erfahrungen. Von ihr berichten besonders auch Menschen, die in ihren Sterbe-Erlebnissen einen Einblick in die spirituelle Welt der Engel gewonnen haben. Übereinstimmend bezeugen alle, daß sich dieses tiefe Gefühl des Friedens, der Wonne und der Seligkeit nur unzulänglich in Worten ausdrücken läßt. Die Wonne in Zusammenhang mit den Engeln verstehe ich als erotische Sinnenfreude, die im Menschen erweckt wird, wenn

er dem göttlichen Licht der Engel und ihrer Erscheinung begegnet. Diese erotische Schwingung ist jene Energie, die den Himmel und die Erde zu verbinden vermag.
Ähnliche Erfahrungen von der Schönheit und Wonne der Engel berichtet der Prophet Mohammed vom Erzengel Gabriel:
»Plötzlich stieg Gabriel, der Erzengel, in seiner eigenen Gestalt herab, von solcher Schönheit, von einem solch heiligen Glanz, von solcher Majestät, daß meine ganze Wohnung hell erleuchtet war. Er ist von einer Weiße heller als Schnee, sein Antlitz ist strahlend schön, die Wellen seines Haares fallen in langen Flechten herab, seine Stirn schmückt ein Diadem aus Licht, auf dem geschrieben steht: ›Es gibt keinen Gott außer Allah!‹ Als er sich mir näherte, nahm er mich in die Arme, küßte mich zwischen die Augen und sagte: ›Oh Schläfer, wie lange willst du noch schlafen? Steh auf! Ich will dich zärtlich führen. Fürchte dich nicht, denn ich bin Gabriel, dein Bruder!‹«[5].

Der Kuß des Engels, seine zärtliche Führung und vor allem seine Schönheit, die in zahlreichen Details beschrieben wird, sind, nach meiner Auffassung, alles Beschreibungen für die Erotik der Engel. Der arabische Arzt und Philosoph persischer Abstammung Avicenna (980-1037), der auf das christliche Abendland und vor allem auf Thomas von Aquin eine große Wirkung hatte, schreibt über die Schönheit des Engels und die Liebesglut, die durch ihn entfacht wird: »Die Seele muß die Schönheit des geliebten Gegenstandes erfassen; das Bild der Schönheit erhöht die Glut der Liebe; diese Glut veranlaßt die Seele nach oben zu blicken ... So verursacht die Vorstellung der Schönheit Liebesglut, Liebe verursacht Begehren, und Begehren verursacht Bewegung, sowohl auf der Ebene der Sphären (die sich in Liebe zu ihrem Erzengel-Intellekt hingezogen fühlen) als auch auf der Ebene der menschlichen Seelen, die sich in Liebe zu ihrem Schutzengel hingezogen fühlen.«[6] Dieser Gelehrte spürt den Wirkungen des Engels im seelischen Erlebnisbereich des Menschen nach, er tut im Grunde das gleiche, was

auch das Anliegen meiner tiefenpsychologischen Deutungen ist. Es geht nicht darum, in objektiver Weise das Wesen und Sein der Engel zu beschreiben, sondern zugleich die subjektive Erlebensweise des Menschen einzubeziehen.
Bei meinem Studium der Texte über Engel aus der arabischen und östlichen Welt ist mir aufgefallen, daß dort wesentlich stärker als in der jüdisch-christlichen Tradition die erotischen Schwingungen der Engel und ihre Wirkungen auf den Menschen und im Menschen zur Sprache kommen. Damit wird zugleich deutlich, welch einen Einfluß die Geisteshaltung einer Kultur oder Religion auf die Gestaltung des Engel- und Gottesbildes hat. Die Schönheit der Engel, die Harmonien in ihrer Hierarchie, die Zärtlichkeit in ihren Begegnungen sowie die Anziehungskraft, die von ihnen ausgeht, sind Wesensmerkmale einer Erotik der Engel.
Eine besondere Möglichkeit, sich mit der Erotik der Engel vertraut zu machen sind – wie erwähnt – Engel-Bilder von Künstlern, wobei besonders der Kunsttypus des Verkündigungs-Engels in seiner Begegnung mit Maria von den alten Meistern mit erotischer Ausstrahlung gemalt wurde. Unter den modernen Künstlern hat Marc Chagall zahlreiche Engel mit Erotik gemalt, z.B. der Kampf des Jakob mit dem Engel, oder die Deckenmalerei »Der purpurne Engel« aus dem Jahre 1941. Neben der Erotik der Engel als solcher ist bei verschiedenen Engel-Darstellungen die zärtliche Berührung eines Menschen durch den Engel ein Motiv, das erotisierende Gefühle im Betrachter wecken kann. Als Beispiel dafür verweise ich noch einmal auf das Titelbild dieses Buches, auf das ich wiederholt schon eingegangen bin.
Die Erotik der Engel hat letztlich etwas mit einem fast vergessenen Zusammenhang zwischen unserer Spiritualität und unser Emotionalität zu tun. Über Spiritualität habe ich mich bereits ausführlich geäußert. Unter Emotionalität verstehe ich in diesem Zusammenhang alle Gefühle, die einen Menschen zutiefst bewegen und auch noch nachts in den Traumbildern in Erscheinung treten. Wer auch nur eine Zeitlang seine Träume beachtet, wird

erfahren, daß sie eine große Skala von Gefühlen in Bildergeschichten zur Erscheinung bringen. Häufig nehmen wir derartige Gefühle wahr in der Begegnung mit unseren Traumpartnern oder der heimlichen Geliebten unserer Träume. Diese Seelenbilder, die in der Tiefenpsychologie nach C.G. Jung Anima (als innere Partnerin des Mannes) und Animus (innerer Partner der Frau) genannt werden[7], können gelegentlich auch die Funktion eines Engels gewinnen, indem sie uns mit dem Zentrum unserer Persönlichkeit, dem *Selbst*, verbinden. Gelegentlich bekommen diese Gestalten auch die transpersonale Bedeutung, indem sie uns einen neuen Zugang zur Spiritualität vermitteln und dadurch wie ein Engel auf uns wirken.

Neben der vermittelnden Funktion von Engeln und Seelenbildern, können beide auch eine erotisierende Wirkung auf das Bewußtsein ausüben und dadurch heilend wirken, weil sie abgeblockte Lebensenergien, die sich in isolierten Energiefeldern (»Komplexen«) verselbständigt haben, wieder an das Bewußtsein anschließen und unter die Verantwortung des Ich stellen. Wer selber einmal durch neurotische Blockaden vom Leben abgeschnitten war oder von irrationalen Ängsten gequält wurde, der weiß aus persönlichen Erfahrungen zu schätzen, wie hilfreich und heilend es ist, wenn diese Kräfte wieder in die Ganzheit der Person integriert werden können[8].

Wer wieder Vertrauen zu den Engeln gewinnt und mit ihnen geht, der kann sie auch als therapeutische Begleiter gewinnen, sie in der Imagination oder im Gebet um Begleitung und Hilfe bitten. Dazu möchte ich ein Beispiel aus meiner therapeutischen Praxis bringen. Eine 47jährige Lehrerin, die seit ca. 20 Jahren an einer Zwangsneurose[9] leidet, erzählte während einer schon länger laufenden Behandlung davon, wie ihr Engel ihr beistehe, wenn die Ängste oder Zwangsgedanken sie bedrängen und ihren persönlichen Handlungsspielraum einschränken wollen. Wörtlich sagte sie: »Ich bitte den Engel, daß seine spirituellen Energien mich vor den Zwangshandlungen schützen und daß sie stärker seien als meine latenten Ängste!« Sie erzählt ferner, wie sie durch ihren Engel Kraft dazu bekomme, mit ihrem Körper, mit ihren natürlichen Bedürfnissen nach Nähe und Erotik und mit ihrem Partner besser zurechtzukommen.

Abschließend möchte ich die zärtlichen Berührungen der Engel und ihre erotischen Ausstrahlungen in einen größeren Zusammenhang stellen, in den der Spiritualität, der Gotteserfahrung in der Seele sowie der Ganzwerdung der Person. Dabei ist die Dimension des Psychischen der wesentliche Resonanzraum und das Erlebnisfeld für die genannten Erfahrungen. Der Seele ist erotisierende Liebe, unserem Geist geistige Liebe (Agape) und dem Körper die sexuelle Lust zu eigen. Wobei in unserem ganzheitlichen Menschenbild die genannten Ebenen nur theoretisch zu unterscheiden sind, während sie im Erleben ineinander fließen.

Nach meinen therapeutischen Erfahrungen gehört die Dimension des Psychischen trotz der weit verbreiteten Literatur noch immer zu einem vernachlässigten Bereich des Lebens. Doch wenn wir uns um ganzheitliche Lebenskonzepte bemühen, müssen wir auch der Seele als einer alles Leben durchdringenden und belebenden Kraft den ihr gebührenden Raum einräumen. Die erotische Liebeskraft und insbesondere die Erotik unserer spirituellen Begleiter, nämlich der Engel, verstehe ich in dem »Lebens-Tanz« der Seele als jene liebevolle Lebensenergie, die unser Leben beflügelt und uns immer aufs neue zu begeistern vermag. Dazu gehört auch die Erfahrung, daß eine von Eros inspirierte Spiritualität uns tief beglücken und sogar heilen kann, wie Plato uns gelehrt hat.

Wer sich in der mystischen Frömmigkeitsgeschichte des Abendlandes und in der Geistesgeschichte der Menschheit etwas auskennt[10], dem werden zahlreiche Beispiele unserer Mystiker und Heiligen einfallen, deren Gotteserfahrungen und Spiritualität auch von erotischer, glühender Liebe erfüllt waren. In dem Bemühen um ganzheitliches Erleben mit Geist, Seele und Leib lassen sich die göttliche Liebe (Agape), die erotische Liebe der Seele und das natürliche Erleben des Körpers miteinander versöhnen. Was in der menschlichen Natur und in der göttlichen Schöpfung aufeinander bezogen ist und durch die neurotischen Verzerrungen getrennt wurde, kann durch die erotischen Schwingungen der Engel und ihre zärtliche Spiritualität wieder versöhnt und geheilt werden.

»Das Engelkonzert«. Weihnachtstafel des Isenheimer Altars
von Matthias Grünewald, 1512-1516
Colmar, Musèe d'Unterlinden

Der grüne Engel von Grünewald

Die Engel in nebenstehendem Bild, die über den Daseinsraum des Menschen weit hinausgehen, spielen miteinander das kosmische Konzert, das Grünewald mit besonderer Liebe gemalt hat. In ganzen Scharen schweben sie von oben herab und spielen zur Geburt des göttlichen Kindes. Aus der Schar der musizierenden Engel, die in ihrer gruppenweisen Anordnung und in ihrer individuellen Gestalt sehr eindrucksvoll die Vielgestaltigkeit der Engel zum Ausdruck bringen, möchte ich unsere Aufmerksamkeit besonders auf den Engel mit dem grünen Federkleid lenken (links am Bildrand). Als Engelfarbe taucht das Grün im Farbkanon der christlichen Kunst erst verhältnismäßig spät auf.
In der »Göttlichen Komödie« von Dante gibt es eine besonders dramatische Szene im Purgatorio. Es geht dort um den Kampf zweier grüner Engel mit der Schlange. Sie schweben am Abend, nachdem die in Läuterung befindlichen Seelen das Abendgebet gesungen haben, grüngewandet und -gefiedert mit Flammenschwertern herbei, um die Büßer vor der erwarteten Schlange zu schützen. Durch ihre ewige Grünkraft sind besonders diese Engel ein Symbol der Hoffnung und Heilung für den einzelnen wie für unsere von einer ökologischen Katastrophe bedrohten Umwelt. Diese heilende Grünkraft preist auch die heilige Hildegard von Bingen mit der folgenden Anrufung:

»O edelstes Grün,
das wurzelt in der Sonne
und leuchtet in klarer Heiterkeit,
im Rund eines kreisenden Rades,
das die Herrlichkeit des Irdischen nicht faßt:
du Grün
bist umschlossen von Liebe,
umarmt von der Herzkraft himmlischer Geheimnisse.
Du rötest wie das Morgenlicht,
du flammst wie der Sonne Glut« –:
o nobilissima viriditas!

Die Herzkraft des Grünen und die Liebe, von der Hildegard spricht, ist auf dem farbigen Bild in dem gefiederten Engel zu sehen. Bitte schauen Sie besonders diesem Engel einmal auf die Finger, besonders seiner linken Hand. Da ich selber Geige und Gitarre spiele, weiß ich aus Erfahrung, daß diese Stellung und Gestik der Finger ungewöhnlich ist und daher wohl eine besondere symbolische Bedeutung hat. In einer derartigen Deutung verweist der Ringfinger auf die Herzkraft und der kleine Finger auf eine Liebesbeziehung. Viele Verliebte hängen sich bei ihren Spaziergängen mit dem kleinen Finger ein. Ich glaube, daß die herzliche Liebe zu Menschen und die Wahrnehmungen der Grünkraft zu den wichtigsten Triebfedern unseres Lebens gehören.

Möge der grüne Engel und die Grünkraft Sie inspirieren, sich Gedanken über die Heilkräfte des Grün zu machen und die Wirkungen dieser Farbe erspüren, besonders bei nervösen Störungen und Atembeschwerden. Die Imagination von Grün erweckt Hoffnung und Zuversicht. Diese können Sie verstärken, wenn Sie im Grün sich einen Engel vorstellen.

Affirmation:

– Ich atme die Schönheit des Engels ein und seine Zärtlichkeit aus!

– Der Engel stärke meine Hoffnung und Lebensfreude!

Die Engel als spirituelle Begleiter

Es gibt eine Vielzahl von Namen und Begriffen, mit denen die Engel benannt werden, zum Beispiel Boten, Geistwesen, Geistführer, innerer Meister, Genius, Dämon, Daimonion, Guru oder Deva, um nur einige zu nennen. Jeder, der etwas über Engel mitteilen möchte, wählt in der Regel einen Namen, der aus seiner spirituellen Tradition, aus seiner religiösen Sozialisation oder seiner esoterischen Gruppe stammt. Für mich persönlich und für die Menschen, die ich therapeutisch begleite oder in den Traumseminaren anleite, die Bildersprache ihrer Seele zu verstehen und auf die innere Stimme aus der Weisheit des Herzens zu hören, hat sich die Bezeichnung der Engel *als spirituelle Begleiter* eingebürgert und als Verstehenshilfe bewährt. Mit spirituellem Begleiter sind zwei Ebenen und Erfahrungsbereiche angesprochen. So, wie ein lieber Mensch oder eine gute Freundin uns auf unserem Weg manchmal eine Zeitlang begleitet, so können wir gelegentlich in besonderen Situationen die Begleitung unseres Engels erfahren. Engel können Beistand sein, wenn wir mutterseelenallein stehen. Sie können Weggefährten sein, wenn wir gefährdet sind. Sie können uns betreuen, wenn wir unter der Treulosigkeit eines Menschen zu leiden haben. Dies sind nur einige wenige Lebenssituationen, in denen unser Engel erscheinen kann. Zugleich muß aber auch gesagt werden, daß wir den Engel nicht rufen können wie die Feuerwehr, die Polizei oder den Rettungsdienst. Wir können sie nicht nötigen oder nach unseren

Bedürfnissen herbeizitieren, sondern sie erscheinen, wenn ihr Kairos (der richtige Zeitpunkt) gekommen ist.
Die Engel treten als spirituelle Begleiter an unsere Seite, wenn spirituelle Führung angesagt und notwendig ist. Auch dies läßt sich nicht nach menschlichen Maßstäben bestimmen und festlegen. Wer sich auf seinen spirituellen Begleiter einläßt, der sollte zu einer außergewöhnlichen Führung bereit sein. Nach meinen therapeutischen Erfahrungen in der Begleitung anderer Menschen kann es sich als günstig erweisen, wenn man sich bereits einige Erfahrungen mit der inneren Stimme oder den inneren Führern erworben hat. Wer dagegen meint, sein Leben selber immer fest im Griff haben zu müssen und nur das zulassen kann, was er begreift und will, wird sich kaum von dem Engel ergreifen lassen und ihn als seinen persönlichen spirituellen Begleiter erfahren.

Erfahrungen und Begegnungen mit Engeln

Wenn wir uns auf Engel einlassen und Erfahrungen mit ihnen machen möchten, können wir uns durch die folgenden praktischen Überlegungen darauf einstellen. Als Praktiker und Tiefenpsychologe interessieren mich weniger die allgemeinen Fragen über das Wesen der Engel, sondern wie sie uns Menschen erscheinen und hörbar werden. Über die Bedeutung der Engel in der Religionsgeschichte, in der Bibel und in der Kunstgeschichte sowie in der Literatur können sich Interessierte in der fast unübersehbar gewordenen Literatur zu den Engeln informieren. Mein Anliegen dagegen ist es, aus meinem Erfahrungsbereich in der Psychotherapie und speziell in der Traumpsychologie einen Beitrag zu leisten zum Verständnis der Engel als spirituelle Begleiter.

Bevor ich mich persönlich über die Engel äußere, möchte ich einige Zeugnisse und Zeugen zu Worte kommen lassen, mit denen sich vermutlich viele Menschen identifizieren können. In dem neuen katholischen Erwachsenenkatechismus wird von den Engeln gesagt: »In der biblischen und kirchlichen Rede von Engeln wie von den Dämonen geht es um die universalkosmologische Dimension der Geschichte Gottes mit den Menschen. Sie erst gibt dieser Geschichte ihre Dramatik und ihre universale Dimension« (1985, S. 112). Nach dieser kirchlichen Lehrmeinung haben also auch die Engel in der Geschichte Gottes mit den Menschen ihren Ort. Was nun die Erfahrungen mit Engeln in der kosmologischen Dimension der Geschichte betrifft, dazu hat uns der bekannte Symbolforscher Alfons Rosenberg (1902-1985) unter Einbeziehung des neuen Weltbildes der Naturwissenschaften etwas Wichtiges zu sagen:

»Ein anderer Weg, Einsichten in das Wesen der Engel nicht nur durch Kenntnis der Überlieferung, sondern auch aufgrund heutiger Erfahrungen zu gewinnen, könnte gerade durch jene Naturwissenschaften betreten werden, deren Repräsentanten die Existenz der Engel, wie sie meinen, aufgeklärt und sie damit ›getötet‹ haben. Gewiß sprechen die Naturforscher, wenn sie sich den Urphänomenen nähern, nicht von ›Engeln‹, sondern von gesteuerter Energie, von Welle und Korpuskel, von den Weltsystemen der Atome, Protonen und Neutronen. Sie verkünden, daß Materie geformte Energie sei; sie sprechen von Kraftfeldern des Mikro- und Makrokosmos, in denen sich Energie unaufhörlich im Wechselspiel der Gestalten manifestiert. Die moderne Naturwissenschaft untersucht und formuliert die unanschaulichen Hintergrundereignisse und zeigt, wie aus unsichtbaren Kraftbereichen Einwirkungen auf die Bildung stofflicher Gestalten ausgeht. Wenn auch mit gänzlich neuen Begriffen und Anschauungsweisen, bezeugt also die Naturwissenschaft das Dasein und Wirken ungeheuerer Kräfte und Mächte, deren Einwirkungen wir zwar verspüren, die aber trotz Formeln und Schemata unsere Begriffe übersteigen. Für diese Kräfte hat auch die heutige Wissen-

schaft keine wirklichen, das Wesentliche aussagenden Namen – die Namen, die sie diesen gibt, sind bloße Arbeitstitel. Da es aber nur eine, wenn auch vielschichtige Wirklichkeit gibt und weil die Forschungen der Wissenschaft wie die Erfahrungen der Religionen die gleichen Phänomene, wenn auch von verschiedenen Standorten aus, zu erschließen versuchen, so muß in den Erkenntnissen der Wissenschaften die gleiche Wirklichkeit eingefangen sein, von der die Seher und Dichter Zeugnis ablegen [...] Zweifellos ist der moderne Konflikt zwischen dem naturwissenschaftlichen Weltverständnis und der alten Engelgnosis aus einer echten Problemlage hervorgegangen: aus dem scheinbaren Widerspruch zwischen dem neuen und dem alten Wissen. Darum kann erst ein neues geistiges Verständnis der Schöpfung und ihrer Materie, wie sie heute unter anderen von der Atomphysik, der aus ihren Erkenntnissen abgeleiteten Philosophie und dem neuen Ganzheitsdenken angebahnt wird, aus diesem durch die Hochaufklärung verursachten Zwiespalt herausführen.«
(Engel und Dämonen, München 1986, S. 319 f.)

In diesem Zitat findet sich eine ganze Anzahl von Begriffen und Modellvorstellungen, die in der heutigen Tiefenpsychologie und Esoterik sowie in der spirituellen Literatur verwendet werden, um das Geheimnis der Engel und die spirituelle Dimension der Seele zu beschreiben. Wir sprechen von psychischen Energien und von den Kraftfeldern der Seele. Im Bereich der psychosomatischen Medizin wird erforscht, wie sich diese Energien und symbolischen Vorstellungen auswirken auf die körperlichen Organe und Funktionsstörungen des Körpers. Ich teile mit Rosenberg die Auffassung, daß die Naturwissenschaften und die Geisteswissenschaften oftmals die gleichen Phänomene von verschiedenen Standorten aus beschreiben und beide letztlich vor einem großen Geheimnis stehen. Engel sind für mich dabei ein spirituelles Symbol für ein neues geistiges Verständnis des Kosmos und der Schöpfung.
Damit komme ich zu meinen persönlichen Ansichten zu Engeln; ich spreche von Erfahrungen mit diesem spirituellen Phänomen.

Diesen Ansatzpunkt als reinen Subjektivismus zu bezeichnen, wird meinem Bemühen um ein ganzheitliches Verständnis im Sinne von Rosenberg nicht gerecht. Für die künftigen Erfahrungen mit Engeln und den Umgang mit ihnen können sich folgende Erkenntnisse als hilfreich erweisen:

Engel erscheinen häufig in Träumen

In vielen religiösen Texten und Zeugnissen von Engelerscheinungen heute wird bezeugt, daß sie den Menschen *erscheinen.* Dieses Wort ist so etwas wie ein Fachbegriff, um die spirituelle Erfahrung zu benennen. Mancher kennt wohl die Schwierigkeit, für außergewöhnliche Erfahrungen das zutreffende Wort zu finden, um das, was man gesehen und gefühlt hat, in richtige Worte zu kleiden. Daher ist es gut und hilfreich, wenn man sich für die Begegnungen mit Engeln auch durch sprachliche Ausdrucksformen vorbereitet. Erscheinung von Engeln will sagen, daß Menschen etwas sehen, was über die normale und sichtbare Gestalt von Dingen hinausgeht. In den religiösen Texten der Bibel wird daher von dem Engel der Gemeinde z.B. in Ephesus gesprochen oder in spirituellen Texten von dem Engel der Sonne, des Wassers oder der Bäume. Um dieses Phänomen etwas konkreter zu fassen, können uns vielleicht die großen Kunstwerke und Dichtungen der Menschheit helfen, uns an das Geheimnis der Engel anzunähern. Hinter allem steht der Versuch, die spirituelle Dimension der Dinge sichtbar zu machen. Während das Alte Testament überwiegend von Erscheinungen Gottes spricht, findet sich im Neuen Testament dieser Begriff überwiegend bei den Boten Gottes, den Engeln, oder bei den Erscheinungen des auferstandenen Christus. Im griechischen Ur-

text des Neuen Testamentes werden die entsprechenden Verben des Erscheinens häufig in einer passivischen Sprachform ausgedrückt, um damit anzuzeigen, daß es sich um ein Widerfahrnis handelt.
Auch heute gibt es solche spirituellen Widerfahrnisse. Wie eine solche spirituelle Erfahrung in den Bildern eines Traumes in Erscheinung tritt, bezeugt uns eine junge Frau mit ihrem Traum:

»Ich bin in einer Kirche. Ein Chor hat sich versammelt, um einen auf ein Glasbild geschriebenen Lobgesang zu singen. Das Glasfenster befindet sich oben im Turm. Ich steige hinauf, um während des Gesanges ganz bei dem Bild zu sein. Das Fenster ist sehr einfach. Es zeigt eine Gottesfigur oder einen Heiligen. Er trägt ein goldgelbes Kleid und darüber einen dunkelroten Mantel. Der Chor setzt ein. Wunderschöne Klänge steigen auf und scheinen sich mit dem Bild zu vereinigen. Mir ist, als singe der Chor in den Farben der Kleider, die die Figur trägt. Unwillkürlich singe ich mit, immer inniger, immer voller. Plötzlich höre ich nur noch mich singen. Scheinbar bin ich die Solistin dieses Konzertes. Ich schaudere über die Schönheit meiner Stimme. Sie tönt gar nicht mehr menschlich, sie scheint von unglaublicher Fülle zu sein. Jetzt setzt der Chor wieder ein. Es tönt, als klinge die ganze Materie. Ich habe während des Gesanges langsam, der Musik entsprechend, die farbigen Kleider der Heiligenfigur angezogen. Singend und ganz erfüllt steige ich im Schlußteil des Liedes die steile Turmtreppe zum Chor hinunter.«

Aus dem weitgehend für sich selber sprechenden Traum möchte ich einige Aspekte hervorheben, um den Zusammenhang zwischen dem Visuellen und dem Auditiven (dem Gehörten) in dieser spirituellen Erfahrung deutlicher zu machen. Im Traum vereinigen sich die wunderbaren Klänge des Chores mit dem Bild der Heiligenfigur. Auch die Farben werden in die spirituelle Resonanz der Psyche einbezogen. Dies alles geschieht nicht über den Kopf der Träumerin hinweg, sondern ihr Ich, ihre ganze und bewußte Persönlichkeit ist in das Geschehen einbezogen. Sie ist die Solistin dieses Konzertes und die Hauptdarstellerin ihrer spirituellen Inszenierung. »Es tönt, als klinge die ganze Materie!« Die kosmischen Schwingungen führen dazu, daß die Träumerin die farbigen Kleider der heiligen Figur anzieht und damit etwas erlangt von der Heiligkeit dieses Heiligen. Ich verbinde die wunderschönen Klänge dieses Traumchores mit der spirituellen Musik von Engelchören, von denen wir in religiösen Texten und Träumen aller Zeiten hören.

Wenn Engel singen, schwingen Kosmos und Psyche

Bei meiner Sammlung von Engeln in der bildenden Kunst ist mir aufgefallen, wie häufig singende und musizierende Engel dargestellt werden. In der traditionellen theologischen Deutung wird dies meistens mit dem Gotteslob der Engel in Verbindung gebracht. In meiner tiefenpsychologischen Deutung dieses Motivs möchte ich die singenden Engel als einen symbolischen Ausdruck für die positiven Schwingungen im Kosmos und in der Seele des Menschen ansehen. Solange die Engel singen, herrscht Friede auf Erden. Wenn dagegen nur noch die Maschinen rattern und die Kanonen donnern oder die Atompilze den Himmel verdunkeln, dringen die zarten Sphärenklänge nicht mehr durch, und es herrscht eine dunkle Stimmung auf Erden. Die spirituellen Schwingungen, die aus der Engelwelt ausgehen, bestimmen die Stimmungen der Menschen. Damit haben wir eine Verbindung hergestellt zwischen den psychischen Resonanzen und der englischen Musik. Die Engel sind für mich die Urheber spiritueller Schwingungen.
In der heutigen spirituellen und esoterischen Literatur wird häufig von Schwingungen gesprochen. Es scheint geradezu ein

Zauberwort geworden zu sein, um das Geheimnis der Engel und die kosmischen Energien zu beschreiben. In den mystischen Traditionen wird mit Schwingungen die grundlegende Energie-Matrix des Universums und der menschlichen Psyche beschrieben. Wir erinnern uns an den Traum, durch den die junge Frau in eine außerordentliche Schwingung versetzt wurde. Jede Musik, die einen Menschen ergreift oder Worte, die einen Menschen betroffen machen, wirken nach dem genannten Energiemuster. Auch in den Beziehungen zwischen Menschen und deren geistiger und psychischer Kommunikation haben die genannten Schwingungen eine besondere Bedeutung und Funktion. Es geht dabei stets um einen Sender und einen Empfänger dieser Schwingungen und um Resonanzen. Wenn wir das Modell von Sender und Empfänger auf die Kommunikation zwischen Engeln und Menschen anwenden, dann wäre unsere Psyche der Resonanzraum für die spirituellen Schwingungen, die von den Engeln ausgehen.

Engeln begegnen wir in Grenzsituationen des Lebens

In unserem sogenannten alltäglichen und normalen Leben ist in der Regel wenig Raum für Engel. In den spirituellen Krisen in den verschiedenen Schwellensituationen unseres Lebens treten häufig Engel in Erscheinung und in Aktion. Wenn wir die verschiedenen Erfahrungsberichte über das Erscheinen von Engeln überblicken, erkennen wir, daß sie häufig in großer Gefahr oder im Angesicht des Todes erscheinen. Ein weiteres Beispiel wären die bekannten Durchgaben der Engel an Gitta Mallasz, eine junge Frau in Ungarn, die, zusammen mit ihren drei Freunden in den

Jahren 1943 und 1944, angesichts der Bedrohung durch die Nazis, besondere Erfahrungen mit Engeln hatte. Auch in der Bibel und bei den Heiligen der Kirchengeschichte wird häufig dann von Engeln gesprochen, wenn sie in besonderer Gefahr waren und/oder eine außergewöhnliche spirituelle Erfahrung machten. Auch lebensbedrohliche Krankheiten sind häufig ein Beweggrund, daß der Vorhang zur Welt der Engel aufgezogen wird und sie den Menschen erscheinen. Für das außergewöhnliche Bemühen um eine spirituelle Heilung ist der Erzengel Raphael ein spiritueller Helfer und Begleiter.

Tobias seinen Fisch fangend
Gemälde von Domenichino. London, National Gallery

Tobias und Raphael

Wenn wir das nebenstehende Gemälde von Domenischino einmal tiefenpsychologisch betrachten, könnten wir uns in dem Wasser und dem Fisch das Unbewußte vorstellen. Die Funktionen des handelnden Ich sind in der Person des Tobias dargestellt und das Selbst in dem Engel Raphael. Alle drei Instanzen finden sich in jedem Menschen. Im praktischen und persönlichen Leben kommt es nun darauf an, daß diese Kräfte nicht gegeneinander arbeiten, sondern zueinander in einer konstruktiven Beziehung stehen, damit ganzheitliches Leben gelingen kann. Von Tobias können wir lernen, auf unseren Engel und das Selbst zu hören, um die nährenden Inhalte des Unbewußten (dargestellt im Fisch) und die heilenden Kräfte (in der Salbe symbolisiert) ins bewußte Leben zu integrieren und sie zu nutzen. Das Selbst und der Engel schließlich sind jene spirituellen Führungskräfte in unserem Leben, die uns zu jenen Erkenntnissen und Schätzen führen, die unser Leben sinnvoll und reicher machen.

Affirmation:

- Der Engel durchlichte meine dunklen und trüben Gedanken!
- Mein Engel erwecke und stärke die Heilkräfte meiner Seele!

Die Engel der Bibel als Boten und Helfer

Angesichts der Bedeutungsvielfalt der Engel im Alten und im Neuen Testament, lege ich den Schwerpunkt auf jene Aspekte, die zu den bisherigen Ausführungen über die Engel eine nahe Beziehung haben und somit als Anreicherung im Sinne von C.G. Jung zu den gegenwärtigen Begegnungen mit Engeln und spirituellen Träumen von Engeln dienen können. Wer speziell über die Engel in der Bibel Auskunft sucht, sei auf die entsprechende Literatur verwiesen[1].

Engel werden in der Bibel recht häufig erwähnt, über einhundertmal im Alten und mehr als einhundertfünfzigmal im Neuen Testament. Allgemein kann gesagt werden, daß von Engeln in der Bibel meistens im Zusammenhang einer Gotteserfahrung die Rede ist, sei es, daß Gott einem Menschen erscheint, oder Menschen eine göttliche Stimme und Botschaft hören. Das Wort Engel begegnet uns im 16. Kapitel des 1. Buches Mose, wo von Hagar, der leibeigenen Magd des Abraham die Rede ist, die gezwungen wird, sein Zelt zu verlassen und vor Sarah zu fliehen. Es heißt: »Der Engel des Herrn fand Hagar an einer Quelle in der Wüste, an der Quelle auf dem Weg nach Schur.«[2] Der Engel erscheint dieser Frau in einer existentiellen Lebenskrise. Sie konnte die harte Behandlung und die Eifersucht ihrer Herrin nicht mehr ertragen und war deswegen davongelaufen. Der Engel verkündet ihr, daß sie schwanger sei und einen Sohn gebären wird, den sie Ismael (Gott hört) nennen soll, weil der

Herr sie gehört hat in ihrem Leid. Der sprachliche Ausdruck »Engel des Herrn« findet sich häufig im Alten Testament und hat nach einem alten Midrasch des Rabbi Akiba folgende Bedeutung: »Der Metatron (Engel Jahwes) ist der Engel, der Fürst des Angesichts, der Fürst des Gesetzes, der Fürst der Weisheit, der Fürst der Kraft, der Fürst der Herrlichkeit, der Fürst des Tempels, der Fürst der Könige, der Fürst der Herrscher und der Hohen und Erhabenen.«[3] Die Aufzählung der verschiedenen Genetive soll wohl deutlichmachen, daß Gott in Gestalt seines Boten und seine Geisteskraft im Gesetz und im Tempel gegenwärtig sind, im König und in allem Erhabenen. Wichtig erscheint ferner, daß dieser Engel der Hagar an einem Brunnen oder an einer Quelle erschien. Daher nannte sie ihn den Brunnen des Lebendigen, der nach mir schaut. Brunnen, Quellen und Gewässer sind bis heute häufige Erscheinungsorte für Geistwesen und für die Erscheinung von Engeln.

Eine der bekanntesten Geschichten von einer Begegnung mit einem Engel ist der Kampf des Jakob mit seinem göttlichen Gegenüber, das von vielen Malern, auch von Chagall, als ein Engel dargestellt wird. Dieser spirituelle Kampf ereignete sich in der Nacht vor der Begegnung und Aussöhnung des Jakob mit seinem verfeindeten Bruder Esau. Der geheimnisvolle Text erzählt, daß ein Mann mit Jakob rang »bis die Morgenröte aufstieg«. Als der Mann sah, daß er ihm nicht beikommen konnte, schlug er ihn aufs Hüftgelenk. Jakobs Hüftgelenk renkte sich aus, als er mit ihm rang. Der Mann sagte: Laß mich los; denn die Morgenröte ist aufgestiegen. Jakob aber entgegnete: »Ich lasse dich nicht los, wenn du mich nicht segnest.«[4] Diese kämpferische Begegnung (mit dem Engel) auf Leben und Tod ereignete sich an dem geheimnisvollen und sagenumwobenen Ort Pniel, der in anderer Schreibweise auch den Namen Penuel (Gottesgesicht) trägt. Im Text wird dann die Deutung hinzugefügt: »Ich habe Gott von Angesicht zu Angesicht gesehen und bin doch mit dem Leben davongekommen.« Ich werde in späterem Zusammenhang noch

auf die besondere Bedeutung des Angesichtes und speziell des Angesichtes eines Engels zu sprechen kommen[5].
Am Ende der Lebensgeschichte des alten Patriarchen Jakob hören wir noch einmal von seinem Engel, als er auf seinem Sterbebett die Söhne Josephs segnete, als von »dem Engel, der mich erlöst hat von allem Übel, der segne die Knaben«[6].
In den Träumen und Visionen der Propheten ist in vielfältiger Weise von den Engeln die Rede. Ich verweise nur auf die Berufungsvision des Propheten Jesaja, die besonderen Bewahrungen des Propheten Daniel in der Löwengrube und im Feuerofen sowie die alles rationale Fassungsvermögen übersteigende Engelerscheinung beim Propheten Ezechiel. Jesaja schaut in seiner Berufung den Herrn auf einem hohen und erhabenen Thron. Der Saum seines Gewandes füllte den Tempel aus: »Serafim« standen über ihm. Jeder hatte sechs Flügel: Mit zwei Flügeln bedeckten sie ihr Gesicht, mit zwei ihre Füße, und mit zwei flogen sie« (Jesaja 6). Diese Serafim, übersetzt: die Brennenden, bilden als himmlische Wesen den Hofstaat Gottes. Sie wurden als Mischwesen in Schlangengestalt, mit Gesicht, Händen und Flügeln vorgestellt. Jesaja wurde durch diese Erscheinung von Todesfurcht gepackt und rief aus: Weh mir, ich bin verloren, denn ich bin ein Mann mit unreinen Lippen. Dann flog einer der Serafim zu ihm und berührte mit einer glühenden Kohle seine Lippen und tilgte seine Schuld und Sünde.
Eine ähnliche Vision von den Cherubim lesen wir beim Propheten Ezechiel im 10. Kapitel. Diese Cherubim sind geflügelte Wesen, Wächter am Thron Gottes und im Tempel. Diese Vision des göttlichen Thronwagens ist erfüllt von dynamischen Symbolen; ich empfehle diesen Text nachzulesen und auf sich wirken zu lassen.
Der Erzengel Gabriel (übersetzt: Held oder Mann Gottes) begegnet uns im Buche Daniel (Kapitel 8 und 9). Dieser Erzengel erhält den Auftrag, Daniel die Vision vom Widder und Ziegenbock zu deuten. Als der Engel auf Daniel zutrat, erschrak dieser

sehr und fiel mit dem Gesicht zu Boden. »Während er mit mir redete, lag ich ohnmächtig da, mit dem Gesicht am Boden. Da berührte er mich und stellte mich wieder auf die Beine« (Daniel 8,18). Im 10. Kapitel begegnet dem Daniel der Erzengel Michael, der ihn belehrt über das, was seinem Volk in der Folgezeit geschehen werde.

Schließlich möchte ich noch kurz beim Erzengel Raphael (übersetzt: Gott heilt) verweilen. Raphael repräsentiert von den Erzengeln jene spirituelle Energie, die für unsere Heilung und Ganzwerdung von großer Wichtigkeit ist. Sein Name heißt, wie erwähnt, Gott heilt! Dieser Name drückt den gleichen Sinn eines medizinischen Leitsatzes aus: Medicus curat, natura sanat! – Der Arzt kuriert, die Natur heilt! Beide Hilfen brauchen wir, doch die entscheidenden sind die Selbstheilungskraft unserer menschlichen Natur und die Selbstregulierungsprozesse in unserer Seele. Ein Arzt, ein Berater oder Therapeut können nur dazu verhelfen, daß neurotische Blockaden beseitigt werden und die Regenerationskräfte wieder frei fließen können.

Von Raphael ist in dem wenig bekannten Buche Tobit die Rede. Es enthält das anschaulichste Beispiel einer persönlichen Begegnung mit einem Engel. Rembrandt hat dieses Buch besonders liebevoll und reichhaltig illustriert. Es geht um den Aufbruch des jungen Tobias aus seinem Elternhaus und die Bewahrung vor tödlichen Gefahren in der Liebesbegegnung mit der schönen Frau Sarah. Sie war bereits mit sieben Männern verheiratet gewesen, die jedoch alle durch einen bösen Dämon getötet worden waren, bevor Sarah mit ihnen geschlafen hatte. Der Vater entläßt den Tobias mit dem Wunsch, daß ein guter Engel ihn begleite und seine Reise ein gutes Ende nehme (Tobit 5,22). Als der junge Tobias während der Wanderung im Fluß baden wollte, schoß ein Fisch aus dem Wasser hoch und wollte ihn verschlingen. Der Engel gebot ihm, den Fisch zu packen, und ihm Herz, Leber und Galle herauszunehmen, um durch deren Verbrennung einen bösen Dämon zu vertreiben. So belehrte Raphael den jungen

Tobias: »Wenn ein Mann oder eine Frau von einem Dämon oder einem bösen Geist gequält wird, soll man das Herz und die Leber des Fisches in der Gegenwart dieses Menschen verbrennen; dann wird er von der Plage befreit« (6,8). Tobias hält sich an diese Anweisung, und somit steht der glücklichen Liebesbeziehung zu Sarah kein böser Dämon mehr im Wege. Nach der glücklichen Heimkehr und der Heilung von Sarah, die von einem bösen Dämon besessen war, sowie der Heilung des erblindeten Tobit gibt sich der Engel zu erkennen: »Ich bin Raphael, einer von den sieben heiligen Engeln, die das Gebet der Heiligen emportragen und mit ihm vor die Majestät des heiligen Gottes treten. Da erschraken die beiden und fielen voller Furcht vor ihm nieder. Er aber sagte zu ihnen: Fürchtet euch nicht! Friede sei mit Euch! (12,15f.)

Die Hilfe und Heilung des Engels sieht oftmals so aus, daß wir im entscheidenden Augenblick zupacken und dasjenige, was eine bestimmte Situation uns zuspielt, auch annehmen müssen, so wie Tobias den Fisch fangen und ihm Herz, Leber und Galle entnehmen mußte, um daraus eine Heilsalbe für den erblindeten Vater anzurichten und auch, um ein Rauchopfer zur Vertreibung des bösen Geistes im Hause der schönen Sarah anzuzünden. Übertragen wir diese Symbolik auf die heutige tiefenpsychologische Therapie, dann geht es oftmals darum, die sich zeigenden Energien und Symbole des Unbewußten festzuhalten und zu therapeutischen Heilzwecken ins Leben zu integrieren.

Zusammenfassend wäre aus dieser Begegnung mit einem Engel festzuhalten, daß er als Schutz- und Heilengel wirksam wurde.

Wir wenden uns jetzt den Engelerscheinungen im Neuen Testament zu, ohne jedoch den Anspruch zu erheben, von den etwa 150 Belegstellen auch nur annähernd eine umfassende Darstellung bieten zu können. Ein erster Schwerpunkt: Das Erdenleben des Gottessohnes wird von zahlreichen Erscheinungen der Engel begleitet. Dies beginnt schon bei der Empfängnis Mariens und bei den Traumweisungen an Joseph, mit der Gottesmutter und dem Jesuskind zu fliehen[7]. Als Nächstes hören wir von den Engeln bei der Versuchung Jesu, als er sich auf seine öffentliche Wirksamkeit in der Wüste vorbereitete[8]. Am Ende der Versuchung läßt der Teufel von ihm ab, und Engel kamen und dienten ihm.

Dann fallen einige Aussagen Jesu über die Bedeutung und Funktion der Engel auf, die insbesondere für das noch zu entfaltende Verständnis des Todesengels wichtig sind. In der Beispielerzählung von dem reichen Mann und vom armen Lazarus wird gesagt: »Als nun der Arme starb, wurde er von den Engeln in Abrahams Schoß getragen. Auch der Reiche starb und wurde begraben.«[9] Das Leben des Reichen also endet total mit seinem Begräbnis. Für Lazarus gibt es ein Weiterleben in der anderen Welt, symbolisch gesprochen: im Schoße Abrahams. Dieses Motiv hat später viele Künstler angeregt, Engel zu malen, die eine scheidende Seele in die andere Welt begleiten. Zum Thema Auferstehung der Toten, die von den Sadduzäern, einer Religionspartei zur Zeit Jesu, geleugnet wird, antwortet Jesus auf die Fangfrage seiner Gegner, daß Menschen, »die Gott für würdig hält, an jener Welt und an der Auferstehung von den Toten teilzuhaben, dann nicht mehr heiraten werden. Sie können auch nicht mehr sterben, weil sie den Engeln gleich und durch die Auferstehung zu Söhnen Gottes geworden sind«[10]. Dies ist für alle jene Menschen eine wichtige Belegstelle, die sich mit der Zukunft des Lebens und der Seele in der spirituellen Welt befassen. Beim Leiden und Sterben Jesu sowie seiner Auferstehung ist mehrfach von Engeln die Rede. Bei der Vorbereitung auf das kommende Leiden wird Jesus in seinem Gebet am Ölberg von einem Engel getröstet: »Da erschien ihm ein Engel vom Himmel und gab ihm neue Kraft.«[11]
Eine besondere Erfahrung mit einem Engel wird im Johannesevangelium im Zusammenhang mit der Heilung eines Menschen berichtet. In einer der fünf Hallen am Teiche Bethesda, in denen viele Kranke, Lahme, Blinde und andere Kranke auf jenen

Augenblick harrten, daß die Heilquelle zu sprudeln beginne, wartete auch seit 38 Jahren ein gelähmter Mann. Es herrschte der Glaube, wer nun als erster hineinstiege, der würde geheilt und gesund. Doch dieser Kranke hatte keinen Helfer, der ihm in diesen entscheidenden Augenblicken ins Wasser helfen konnte. Ein Teil der Textzeugen fügt deutend hinzu: »Ein Engel des Herrn aber stieg zu bestimmter Zeit in den Teich hinab und brachte das Wasser zum Aufwallen. Wer dann als erster hineinstieg, wurde gesund, an welcher Krankheit er auch litt.«[12] Zu diesem Kranken spricht Jesus: »Steh auf, nimm dein Bett und geh!« Die Erzählung verfolgt offensichtlich die Absicht, die Erfahrungen mit der Heilquelle und die Herabkunft des Engels mit Jesus in Verbindung zu bringen und ihn als den Heiler der Kranken zu bezeugen[13].

In einem anderen Text geht es um die Verklärung des Angesichtes des Märtyrers Stephanus. Er war ein junger Christ voll Gnade und Geisteskraft, tat Wunder und große Zeichen unter dem Volk. Einige Mitglieder einer Synagoge führten Streitgespräche mit ihm und kamen gegen seine Weisheit und seinen Geist nicht an. Daher wiegelten sie das Volk, die Ältesten und Schriftgelehrten auf und schleppten Stephanus schließlich vor den Hohen Rat, um ihn der Gotteslästerung zu überführen. Dort hielt der Angeklagte eine lange Predigt, drehte den Spieß um und erinnerte die Ratsherren daran, daß sie das heilige Gesetz und die göttlichen Weisungen nicht gehalten hätten, die sie durch die Anordnung und Vermittlung der Engel empfangen haben[14]. Ferner heißt es: »Und als alle, die im Hohen Rat saßen, auf ihn blickten, erschien ihnen sein Gesicht wie das Gesicht eines Engels.«[15] Offensichtlich gab es damals bestimmte Vorstellungen, wie das Angesicht eines Engels aussieht oder erscheint. Und in der Tat gibt es im Alten Testament bei dem Propheten Jesaja eine geheimnisvolle Stelle, in der von einem »Engel des Angesichtes« die Rede ist[16]. Den theologisch gebildeten Ratsmitgliedern wird diese Stelle bekannt gewesen sein. Diese Textstellen sehe ich als einen wichtigen Beleg

dafür an, daß Engel bei ihren Erscheinungen nicht immer in ihrer ganzen Gestalt sichtbar werden (siehe meinen persönlichen Engeltraum): Von daher rühren auch die entsprechenden Abbildungen von Engeln in der bildenden Kunst.
Als letztes möchte ich noch kurz von einer anderen Begegnung mit einem Engel (Apostelgeschichte, Kapitel 10) berichten: In Cäsarea lebte ein römischer Hauptmann, der fromm und gottesfürchtig war, ein Gebetsleben führte und für die Menschen viel Gutes tat. Er sah in einem Traumgesicht beim Mittagsschlaf zwischen zwei und drei Uhr einen Engel bei sich eintreten, der ihn aufforderte, den Apostel Petrus zu sich ins Haus einzuladen und das Evangelium von Jesus Christus zu hören und danach getauft zu werden. Zur gleichen Zeit hatte auch Petrus einen Traum, welcher ihn überzeugte, als Judenchrist in das Haus eines Heiden zu gehen, was nach der damaligen Sitte verboten war. Auch in diesem, damals fundamentalen Konflikt tragen wiederum die überzeugende Macht der Träume, die der Hauptmann Cornelius und der Apostel Petrus parallel hatten, und das Erscheinen eines Engels zur Versöhnung in der frühen Christenheit maßgeblich bei[17].
Abschließend versuche ich, die Botschaft der bisherigen Engel-Erfahrungen für uns heute zu übertragen. In einer kurzen Übersicht möchte ich nur einige wesentliche Aussagen zusammenstellen. Ich hoffe, daß dadurch die eine oder andere Aussage als für heute bedeutsam entdeckt werden kann. Ich beginne die persönliche Entdeckungsreise zu Begegnungen mit den Engeln der Bibel mit einer Aussage aus dem sogenannten Bundesbuch, in dem religiöse Vorschriften und Weisungen dem Volk Israel von Gott durch Mose vorgelegt wurden. In dem aus sich selbst heraus verständlichen Text ist die Funktion des Engels mit einer persönlichen Mahnung an den Menschen verknüpft. Gott spricht: »Ich werde einen Engel schicken, der dir vorausgeht. Er soll dich auf dem Weg schützen und dich an den Ort bringen, den ich bestimmt habe. Achte auf ihn, und höre auf seine Stimme!

Widersetze dich ihm nicht! Er würde es nicht ertragen, wenn ihr euch auflehnt; denn in ihm ist mein Name gegenwärtig.«[18]
Ich persönlich übernehme aus diesem Zeugnis die Belehrung und Botschaft, daß ich auf meinen persönlichen Engel achte und auf seine Stimme höre. Diese Stimme wird manchmal nicht deutlich zu vernehmen sein, aber wenn mir der Engel vorausgeht und ich mit ihm auf Rufweite in Verbindung stehe, dann wird die nonverbale Kommunikation die Stimme ersetzen oder ergänzen. Wenn ich mit den Engeln gehe, geht es meistens gut, und ich finde den richtigen Weg.
Das folgende Engelwort steht in einem besonders ergreifenden Zusammenhang. Es handelt sich um eine Szene des Erzvaters Jakob, der vor dem Tod seinen Sohn Joseph und dessen Söhne, Ephraim und Manasse, segnete und sprach: »Der Engel, der mich erlöst hat von jeglichem Unheil, er segne die Knaben. Weiterleben soll mein Name durch sie.«[19]
Von Vater Jakob übernehme ich das Vermächtnis, mich in ähnlicher Weise auf dem Sterbebett von meinen Angehörigen zu verabschieden und sie zu segnen. Ich wünsche mir, daß da nicht in hilfloser Weise vertröstende Worte gesprochen werden, sondern daß ich dann auch noch von meinen Gotteserfahrungen und von der Erscheinung meines Bruder-Engels erzählen kann. Wenn mich der Todesengel abholt, dann möchte ich gehen unter den Klängen des Schlußchores der Johannespassion von Bach:

»Auch Herr laß dein lieb Engelein
am letzten End' die Seele mein
in Abrahams Schoß tragen.«

Noch ein zweiter Aspekt ist in dem Abschiedssegen des Jakob wichtig, nämlich, daß der Engel ihn erlöst hat. Wir lernen in diesem Zeugnis einen Erlöser-Engel kennen. Erlösung ist ein zentrales biblisches und religiöses Geschehen, damals wie heute[20]. Für mich sind in diesem Wort auch die Lösungen von alltäglichen

Problemen enthalten und Erfahrungen aus der therapeutischen Analyse. Von der zentralen Erlösung durch den Engel gehen viele Kraftwirkungen und therapeutische Schwingungen aus, die Menschen aus der Knechtschaft der Neurose befreien können.

In naher Beziehung zu dem Erlöser-Engel steht der Heil-Engel Raphael, den wir bereits in der Tobit-Legende kennenlernten. Dort stellt sich der Engel mit den Worten vor: »Ich bin Raphael, einer von den sieben heiligen Engeln, die das Gebet der Heiligen emportragen und mit ihm vor die Majestät des geheiligten Gottes treten ... Gott hat mich auch gesandt, um dich und deine Schwiegertochter Sarah zu heilen.«[21]

Spiritualität und Heilung sind in diesem Zeugnis miteinander verbunden, indem Raphael das Gebet emporträgt und heilt.

Für meine therapeutische Arbeit lerne ich, diese Zusammenhänge zu beachten und Menschen dazu zu befähigen, durch die Therapie wieder zur Theologie zu kommen und umgekehrt die verschütteten Quellen der Spiritualität neu aufzugraben und dadurch Heilenergien zur Wirkung kommen zu lassen.

Von Christus selber wird bezeugt, daß er eine besonders innige Beziehung zu Engeln hatte und mit ihnen durch dieses Erdendasein ging. Daher ist auch zu verstehen, daß er in seinen Leiden vor der Kreuzigung während seines Gebetes am Ölberg eine besondere Engelerfahrung machte: »Da erschien ihm ein Engel vom Himmel und gab ihm (neue) Kraft.«[22] Dieser Kraft-Engel könnte Gabriel gewesen sein, dessen Name Kraft oder Held Gottes bedeutet. Auch nach seiner Auferstehung und Erhöhung (»Himmelfahrt«) in die Welt Gottes hören wir mehrfach von Engelerscheinungen, welche die Ereignisse den zurückgebliebenen Menschen deuten.

Für mich persönlich entnehme ich aus diesen Berichten, daß Engel uns im Leiden und Tode nicht verlassen, wenn wir andere Zeiten mit ihnen gegangen sind. All jene Menschen, die sich niemals um Engel kümmern und daher auch nicht mit ihnen durchs Leben gehen, sind vielleicht auch deswegen im Kummer und im Leiden allein. Die Hinwendung und Annäherung zu Raphael und Gabriel empfehle ich besonders in Zeiten der Kraftlosigkeit und Depression.

In der Apostelgeschichte des Lukas werden uns einige eindrucksvolle Erfahrungen mit Engeln berichtet. Beispielhaft nehme ich die Befreiung der inhaftierten Apostel durch einen Engel, der nachts die Gefängnistüre öffnet und sie herausführt[23]. Wie einst der Befreiungs-Engel das geknechtete Volk aus Ägypten führte, so öffnet dieser Engel verschlossene Türen. Betrachten wir diese Geschichte symbolisch, dann können wir auch im übertragenen Sinne durch Ängste oder übertriebene Sorgen gefangen sein und eines Engels bedürfen, der uns wieder herausführt.

Ich schließe mit einem Zitat aus dem Hebräerbrief, wonach die Engel »dienende Geister sind, ausgesandt, um denen zu helfen, die das Heil erben wollen«[24].

In diesem kurzen Text wird nochmals zum einen das Wesen der Engel benannt (»dienende Geister«) und ihre Funktion und Bedeutung als Helfer[25]. Auch hier ergibt sich ein aktueller Bezug zu allen Menschen in helfenden Berufen, die gerade in der Gegenwart so oft ihr »Ausgebranntsein« und ihre Kraftlosigkeit beklagen[26]. Für die persönliche Psychohygiene und die Gesunderhaltung der dienenden Menschen und der therapeutischen Begleiter und Helfer wäre die Rückbesinnung auf die Begleiter der Engel dringlich geboten. Aber: Wir müssen bereit sein, uns auf die Engel einzulassen und mit ihnen zu gehen.

Wer nun ernsthaft einen Weg sucht, mit den Engelkräften in Kontakt zu kommen, demjenigen möchte ich eine Brücke in der eigenen Seele zeigen. In jedem Menschen schlummert das Angesicht eines Engels; es kann wie in biblischen Zeiten in Erscheinung treten, uns stärken und trösten oder verschlossene Türen öffnen.

Ein besonderer Weg zur Begegnung mit dem Engel sind dabei die Träume, von denen im anderen Zusammenhang gesprochen wurde.

Fragment eines Psalteriums flämischer Schule, Mitte 12. Jh.
Berlin, Staatl. Museen Preußischer Kulturbesitz

Am Tag setzt sich fort,
was in der Nacht begonnen hat

Die Engel auf der Himmelsleiter

Seit dem großen und archetypischen Traum des Erzvaters Jakob von der »Himmelsleiter«, auf der die Engel herauf- und hinabsteigen (Genesis 28), kehrt dieses Motiv in der Literatur und in der bildenden Kunst in immer neuen Variationen wieder. Ähnlich wie Jakob, erlebt auch der Prophet Mohammed einen nächtlichen Aufstieg seiner Seele auf einer Leiter zum Himmel. In der 53. Sure des Koran lesen wir von dem Lotusbaum, der die Beziehung zwischen den beiden Welten ermöglicht. Eine ähnliche Bedeutung hat auch der Lebensbaum als Brücke zwischen Diesseits und Jenseits bei der Seelenreise der Schamanen, wenn sie bei den Geistern und Engeln geistigen Rat und Heilung suchen. Ein weiteres verbindendes Symbol ist der Regenbogen, der in den Träumen häufig dann erscheint, wenn es zu einer Annäherung an die spirituelle Welt kommt.
Zu unserem Bild: Auf dem farbigen Original ist der träumende Jakob in einem grünen Gewand dargestellt, ähnlich wie das Gottesbild im oberen Kreis. Der erste Engel und der dritte sowie die beiden Engel im oberen göttlichen Kreis tragen einen grünen Heiligenschein als Symbol des heiligen und heilenden Geistes. Da der Maler dieses Bildes ein Zeitgenosse der heiligen Hildegard von Bingen (1098-1179) war, ist anzunehmen, daß ihm die Preisungen der Grünkraft bekannt waren. Die Grünkraft als spirituelle Heilenergie wird in zahlreichen grünen Symbolgestalten dargestellt, zum Beispiel im islamischen Bereich als Chidr, dem wundertätigen »grünen Mann« oder in Merlin sowie in dem grünen Ritter des Grals-Mythos.
In der rechten Bildhälfte kommt in drei Energie-»Kanälen« hernieder, was im Traum verheißen wurde, nämlich daß Gott Jakob begleiten werde auf seinen Wegen, daß er dereinst dieses Land besitzen werde und daß seine Kinder und Nachkommen so zahlreich sein werden, wie der Sand am Meer. Angeregt durch

die Gotteserfahrung im Traum errichtet Jakob an der Stätte eines verfallenen Heiligtums einen Gedenkstein. Dann goß Jakob Öl auf den Stein und weihte ihn damit.
Astrologisch und symbolisch Interessierte mögen in dieser Gestalt auch das Urbild des Wassermannes erkennen, der den belebenden und fließenden Geist über unser Zeitalter ausgießt und damit eine neue Spiritualität erfahrbar macht.
Wenn ich ein Bild von der Himmelsleiter in meinen Seminaren zur Imagination und Meditation anbiete, werden von dieser Symbolik besonders Menschen angesprochen, die unter dem ständigen Auf und Ab ihrer Stimmungen und Gefühle zu leiden haben. So erzählte mir eine depressive Frau, daß für sie das Bild von der Himmelsleiter deswegen so tröstlich sei, weil die aufsteigenden Engel ihre Ängste und Sorgen mit nach oben nähmen. Wenn diese dann in der geistigen Welt umgewandelt seien, würden ihr die Engel neue Kraft und Hoffnung herunterbringen. Vielleicht inspiriert Sie diese Erfahrung, einen ähnlichen Umgang mit Engeln zu pflegen oder neu zu versuchen.

Affirmation:
– Mein Engel trage meine Sorgen nach oben
und bringe neuen Mut herunter!
– Ich lenke meine Gedanken engelwärts und hoffe,
daß mir ein Engel entgegenkommt!

Die Nähe der geistigen Welt

Erfahrungen mit Engeln bei Emanuel Swedenborg, Rudolf Steiner und Gitta Mallasz

---

Emanuel Swedenborg (1688-1772)

Ich möchte jetzt einige Erscheinungen von Engeln aus den letzten Jahrhunderten und aus der Gegenwart berichten, um an diesen spirituellen Erfahrungen mein persönliches Verständnis von Engeln zu ergänzen, zu vertiefen und vielleicht das Interesse für Engel verstärkt zu wecken. Neben den biblischen Zeugnissen von Engeln, ist für mich *Emanuel Swedenborg* besonders wichtig geworden. Als ich seine Lebensgeschichte studierte, war ich besonders berührt, daß er ebenfalls mit 56 Jahren, wie ich, die Engel und Geister als seine Lehrmeister kennenlernte. Dies bestätigt mich, daß an der Schwelle zum dritten (und letzten) Lebensabschnitt viele Menschen wichtige spirituelle Erfahrungen machen und Begegnungen mit Engeln haben.

Emanuel Swedenborg ist noch aus einem weiteren Grunde für das Thema der Engel ein wichtiger Zeuge. Aus seiner Biographie[1] geht hervor, daß er bis zu seinem 56. Lebensjahr als universalgebildeter Mann seiner Zeit in den Naturwissenschaften Großes leistete. Seine etwa 150 wissenschaftlichen Publikationen behandeln Themen aus dem Bereich der Mathematik und Mineralogie, der Astronomie und Chemie. Er entwickelte Pläne für zahlreiche Erfindungen, z.B. Geräte für den Bergbau und die Schiffahrt, für Kräne und Schmelzöfen. Er konstruierte sogar ein Flugzeug, das

nach seinen Plänen 1897 gebaut wurde und im technischen Museum in Washington besichtigt werden kann. Er korrespondierte mit den größten Denkern und Wissenschaftlern seiner Zeit. Seine Werke übten auf Goethe und Kant, auf Lavater und Strindberg sowie auf Jung einen starken Einfluß aus. Dieser Mensch, der so ganz in den Naturwissenschaften lebte und in seinen wissenschaftlichen Interessen aufging, beginnt in der spirituellen Lebenskrise sich für die Engel zu interessieren. Tiefenpsychologisch können wir hier wohl von einem kompensatorischen Prozeß in der Seele sprechen. Je einseitiger einer im Bewußtsein orientiert ist, z.B. als Naturwissenschaftler, um so stärker werden in seiner Seele und im Unbewußten die geistigen Fragen und die spirituellen Energien angesammelt und brechen dann in den spirituellen Krisen oder in Schwellensituationen des Lebens ins Bewußtsein ein, so wie dies bei Swedenborg geschah. In vielen Therapien ist diese Wandlung zu beobachten. Diese Kompensation erklärt auch, warum in unserer so nüchternen und materialistisch orientierten Gesellschaft zunehmend mehr Menschen Erfahrungen mit Engeln machen und ihnen die Augen aufgehen für die spirituelle Welt.
Nach meiner Auffassung ist Swedenborg einer der entscheidenden Wegbereiter unserer spirituellen Wendezeit. Es ist bedauerlich, daß er in der Bücherflut zur neueren Spiritualität kaum genannt wird. In der geistigen Krise unserer Zeit, in der die Naturwissenschaften und die Geisteswissenschaften in ihren Erklärungsversuchen und Modellvorstellungen sich immer mehr polarisieren und oftmals bekämpfen, könnte gerade die Zusammenschau der materiellen Welt mit der geistigen Wirklichkeit, wie dies bei Swedenborg geschieht, eine neue ganzheitliche Perspektive eröffnen. Die geistige Schau Swedenborgs, seine Begegnungen mit Geistern und Engeln werden uns besonders durch Goethe vermittelt, der die Werke Swedenborgs genau studierte und ihm ein unvergeßliches Denkmal setzte. Der Weise, den Goethe im Faust zu uns sprechen läßt, ist nicht Nostradamus, sondern Swedenborg:

Jetzt erst erkenn' ich, was der Weise spricht:
»Die Geisterwelt ist nicht verschlossen;
dein Sinn ist zu, dein Herz ist tot!
Auf, bade, Schüler, unverdrossen
die ird'sche Brust im Morgenrot!«
Wie alles sich zum Ganzen webt,
eins in dem Andern wirkt und lebt!
Wie Himmelkräfte auf- und niedersteigen
und sich die goldnen Eimer reichen!
Mit segenduftenden Schwingen
vom Himmel durch die Erde dringen,
harmonisch all das All durchklingen![2]

Nach dieser Hinführung wenden wir uns jetzt speziell Swedenborgs Sicht der Engel zu. Swedenborg erhält seine Einsichten und Inspirationen über die geistige Welt durch Engel, Geister oder manchmal auch durch Verstorbene. Swedenborg spricht in seinen umfassenden Werken oftmals von der Schwierigkeit, die Erfahrungen in der geistigen Welt und die Begegnungen mit Engeln unter irdischen Bedingungen und in menschlicher Sprache auszudrücken. Gelegentlich wurde er von einem Engel dazu ermahnt, seine Schau der geistigen Welt und der Engel in der Fassungskraft des Verstandes auszudrücken. So sagte ihm einmal ein Engel:

»Willst du, daß wir näher kommen? Aber nimm dich in acht, daß nicht der Glanz, der von unserem Himmel herstammt und flammend ist, tiefer in dich eindringe. Aus einem Einfluß werden zwar die höheren Ideen deines Verstandes, welche an sich himmlisch sind, erleuchtet, allein in der Welt, in der du lebst, sind sie unaussprechlich. Nimm deshalb, was du hören (und sehen) wirst, gemäß deiner Vernunft auf und lege es der Fassungskraft des Verstandes gemäß aus.
In geistiger Weise denken, ist denken ohne Zeit und Raum, naturmäßig denken, ist denken mit Zeit und Raum. Die geistige Welt hat nicht Zeit noch Raum. Darum können sich die Geister Gottes Wesen von Ewigkeit ohne Zeit und seine All-Gegenwart ohne Raum denken und auf diese Weise etwas erfassen, was die Ideen des naturmäßigen Menschen weit überfliegt. Die menschlichen

Ausdrücke, mit denen man die inwendigen Dinge aussagen und erfassen könnte, sind dafür ungeeignet, weil sie Naturmäßiges in sich schließen. In den Himmeln wird derlei dargestellt und ausgedrückt mittels eines Wechselspiels von himmlischem Licht und himmlischer Flamme. Dies in so völliger Genüge, daß tausend und abertausend Innewerdungen kaum sich herniederbegeben könnten in etwas Innewerdendes im Menschen. Doch bildet sich, was sich im Himmel begibt, in der Geisterwelt mittels Gebilden dar, welche sich in Ähnlichkeit nähern (und in Entsprechung stehen zu) Formen, die in der irdischen Welt in Erscheinung treten.«[3]

Die hier anklingende Lehre von den Analogien, den Entsprechungen, zwischen der geistigen und der irdischen Welt bildet die Urform des Denkens von Swedenborg[4]. In dem zitierten Text wird uns ein dreidimensionales Weltbild vor Augen geführt: der Himmel, die Geister- und die Menschenwelt. Die Engel haben ihren Bereich in der Geisterwelt und werden daher zu Mittlern und Boten zwischen der Welt Gottes und den Menschen.
Für Menschen, die sich mit Fragen der Reinkarnation auseinandersetzen, dürfte auch der folgende Text von Swedenborg interessant sein:

»Kein Engel noch Geist darf aus seinem eigenen Gedächtnis mit dem Menschen reden, sondern nur aus dem des Menschen. Die Engel und die Geister haben nämlich ebensowohl ein Gedächtnis wie die Menschen. Spräche ein Geist aus seinem Gedächtnis mit dem Menschen (was dennoch zuweilen geschieht), so würde der Mensch nicht anders wissen, als daß die Dinge, die er dann eben denkt, die seinigen seien, während sie doch dem Geist angehören. Es ist wie die Rückerinnerung an etwas, das der Mensch doch niemals gehört noch gesehen hat. Von daher hatten Einige die Meinung, daß sie nach einigen tausend Jahren wieder in ihr voriges Leben und in all ihre Handlungen zurückversetzt werden, ja sogar auch, daß sie zurückgekehrt seien. Sie schlossen dies daraus, daß ihnen zuweilen wie eine Rückerinnerung an Dinge aufstieß, die sie noch niemals gesehen noch gehört hatten. Dies geschah, weil Geister aus ihrem eigenen Gedächtnis in die Vorstellungen des Denkens dieser Menschen Einfluß hatten.«[5]

Derartige Rückerinnerungen werden auf die Einwirkungen eines Geistes oder Engels zurückgeführt. Diese Wirkungen erlebte Swedenborg häufig in seinen Träumen und Visionen von der geistigen Welt und den Engeln. Seine Bildvisionen sind häufig begleitet von Auditionen, in denen er aus dem Munde eines Engels die Bedeutung und den Sinn des Geschauten erfährt. Sehr wesentlich war für Swedenborg, zwischen den Einflüssen der guten Geister und Engel und den zerstörerischen Energien der bösen Geister und Dämonen zu unterscheiden. Alles, was den Menschen zu Gott führt und sein Leben heil und ganz werden läßt und damit zu seiner Menschwerdung beiträgt, kommt aus dieser positiven geistigen Welt. Nach Swedenborg gibt es in jedem Engel und in jedem Menschen eine innerste Befindlichkeit, in die das Göttliche einfließt:

»Der Mensch hat, was die Tiere nicht haben, ein Innerstes, in welches das Göttliche einfließt, es zu Sich erhebt, und dadurch mit Sich verbindet.
Bei jedem Engel und Menschen ist eine innerste und höchste Stufe oder ein Innerstes oder Höchstes, in welches das Göttliche des Herrn zuerst oder zunächst einfließt, aus welchem Es das übrige Inwendige zurechtstellt, das nach den Abstufungen seiner Ordnung sich anreiht. Dieses Innerste oder Höchste kann der Eingang des Herrn zum Engel und zum Menschen genannt werden, Seine eigentliche Wohnung bei ihnen. Durch dies Innerste oder Höchste ist der Mensch Mensch und unterscheidet sich von den Tieren. Daher kommt auch, daß er ewig fortlebt.«[6]

Rudolf Steiner (1861-1925)

Rudolf Steiner gewinnt über sein Fortwirken in der Waldorf-Pädagogik und in der heutigen Esoterik zunehmend an Einfluß. Ich beschränke mich hier jedoch auf seine Ausführungen zur Welt der Engel. Er kommt in seinem umfassenden Werk wiederholt auf die Engel zu sprechen und sieht ihren Wirkungsbereich in der Geistebene, genauer gesagt, in unserem »Astralleib«. In seinem Vortrag: Was tut der Engel in unserem Astralleib? gibt Steiner folgende Antwort:

»Die Engel formen im menschlichen astralischen Leib Bilder, Bilder, die man mit dem zur Hellsichtigkeit entwickelten Denken erreichen kann. Und man kann diese Bilder, welche die Engel in unserem astralischen Leibe formen, verfolgen. Dann zeigt sich, daß diese Bilder nach ganz bestimmten Impulsen, nach ganz bestimmten Prinzipien geformt werden. Und zwar so werden sie geformt, daß in der Art, wie diese Bilder entstehen, gewissermaßen Kräfte für die zukünftige Entwicklung der Menschheit liegen. Wenn man – so sonderbar es klingt, man muß das so ausdrücken – die Engel bei dieser ihrer Arbeit betrachtet, so haben diese Engel bei dieser ihrer Arbeit eine ganz bestimmte Absicht für die künftige soziale Gestaltung des Menschenlebens auf Erden; und sie wollen solche Bilder in den menschlichen astralischen Leibern erzeugen, welche ganz bestimmte soziale Zustände im menschlichen Zusammenleben der Zukunft herbeiführen.«
Etwas weiter unten fährt Steiner dann fort:
»Aber es gibt noch einen zweiten Impuls, unter dessen Gesichtspunkt diese Angeloi formen; das ist: sie verfolgen nicht nur gewisse Absichten mit Bezug auf das äußere soziale Leben, sondern sie verfolgen auch gewisse Absichten mit Bezug auf die menschliche Seele, auf das seelische Leben der Menschen. Mit Bezug auf das seelische Leben der Menschen, da verfolgen sie durch ihre Bilder, die sie dem astralischen Leibe einprägen, das Ziel, daß in der Zukunft jeder Mensch in jedem Menschen ein verborgenes Göttliches sehen soll.«[7]

Die Engel leisten nach Steiner eine Art von »Bildungsarbeit« im Menschen, indem sie das seelische wie das soziale Leben durch Bilder erzeugen, entwickeln und formen. In anderem Zusammenhang spricht er davon, daß die Engel die Bilder »weben«. Als ich dieses Wort reflektierte, kam mir spontan dazu die Assoziation zu den Symbolisierungsprozessen in unseren Träumen. Das Selbst und die Geistseele erzeugen fortwährend in diesen Bilderprozessen Symbole, die die verschiedenen Ebenen der menschlichen Existenz miteinander verbinden und damit unser Leben in einen sozialen Kontext und in eine kosmische Ganzheit einbinden. Letzteres beschreibt Steiner mit dem Ziel, »daß in der Zukunft jeder Mensch in jedem Menschen ein verborgenes Göttliches sehen soll«. Die Engel erzeugen und eröffnen durch ihre spirituelle Bildungsarbeit eine geistige Dimension im Menschen, die Steiner im sogenannten Astralleib ansiedelt. Der Astralleib ist eine strahlende, leuchtende Energie, eine beseelende Kraft, die dem Körper »Bewußtsein« verleiht. Zusammen mit dem Ich des Menschen ist der Astralleib nach Steiner der wesentliche Anteil des inneren Menschen. Dem sogenannten äußeren Menschen ordnet Steiner den physischen Leib und den Ätherleib zu[8]. Das sogenannte Ich-Bewußtsein ist dasjenige, in dem wir geistig und seelisch zunächst leben und weben, wie Steiner sagt. Die genannten vier Wesensmerkmale des Menschen stellt Steiner in folgenden kosmischen Zusammenhang: »Das Ich ist dasjenige, das uns mit unserer Umgebung verbindet. Der astralische Leib ist uns durch die unserer Erdenentwicklung vorangehende Mondenentwicklung zuteil worden, unser Ätherleib durch die weiter vorangehende Sonnenentwicklung, der physische Leib seiner ersten Anlage nach durch die Saturnentwicklung.«[9] Auf diese verschiedenen kosmischen Aspekte seines Weltbildes kann ich hier leider nicht weiter eingehen.

Das Wesen des Engels ist für Steiner identisch mit dem sogenannten Genius des Menschen, so wie er in der Antike genannt wurde und in verschiedenen philosophischen Konzepten und im Sprachgebrauch vieler Dichter erscheint. »Dieser Genius ist nichts anderes als das werdende Geistselbst, getragen allerdings von einem Wesen aus der Hierarchie der Angeloi.«[10]

Abschließend möchte ich noch der Frage nachgehen, wie ein Mensch zu seinem Engelwesen in Beziehung treten kann. Dies geschieht nach Steiner durch den Schlaf des Menschen:

»Wenn wir aufwachen, werden wir in die Welt versetzt, wo Tiere, Pflanzen, Mineralien, wo die Wesen der drei Naturreiche sind, die eben der Sinneswelt angehören. Wenn wir hinüberschlafen jenseits der Sinneswelt, werden wir zunächst versetzt in dasjenige Gebiet, in dem die erste über den Menschen gelagerte Wesensstufe der Angeloi, der Engel ist. Und wir stehen vom Einschlafen bis zum Aufwachen zunächst mit jenem Wesen, das dem Menschen zugeordnet ist als sein Engelwesen, so in Verbindung, wie wir durch unsere Augen und Ohren mit den drei Reichen der Natur hier in der Sinneswelt in Verbindung stehen.«[11]

Auch inhaltlich benennt Steiner einige Grundhaltungen des Menschen, die wesentlich sind für die Begegnung mit seinem Engelwesen. Dazu gehören die wirkliche Menschenliebe, das Leben aus sittlichen Idealen sowie die vertrauensvolle Hingabe an die geistige Welt, denn

»der nicht kennt das fromme Hingeben an die göttlich-geistige Welt im wachen Zustande, dem bleiben beim Einschlafen keine Kräfte, um in der richtigen Weise mit seinem Engelwesen in Berührung zu kommen. Dieses Engelwesen wartet gewissermaßen jedesmal unser Einschlafen ab, wieviel wir mitbringen von idealen Empfindungen, von idealen Gedanken mit diesem Einschlafen. Und je mehr wir von solcher Art mitbringen, desto inniger wird das Verhältnis zu diesem Engelwesen, wenn wir im Schlafe verweilen.«[12]

Schließlich äußert Steiner noch Gedanken zur Funktion der Engelwesen jenseits des Todes, die ich im Kapitel über den Todesengel wieder aufgreifen werde. Wir verabschieden uns von

Rudolf Steiner mit einem Zitat, das aus sich selbst heraus verständlich sein dürfte:

»Erst dadurch bekommt diese Welt der höheren Hierarchien eine größere Bedeutung für uns, daß sie die Welt unserer Umgebung wird zwischen dem Tode und einer neuen Geburt. Je mehr wir gewissermaßen unserem Engelwesen überliefert haben, desto mehr kann aber auch nach dem Tode, wenn wir ein geistig-seelisches Wesen sind, dieser Engel uns an bewußtem Leben, an bewußten Seeleninhalten von den höheren Hierarchien geben. Ich möchte sagen: Was unsere Augen hier in der physischen Welt sind, oder unser Ohr hier in der physischen Welt ist, das ist für unser Bewußtsein zwischen dem Tod und einer neuen Geburt in der geistigen Welt dasjenige, was das Engelwesen, was überhaupt durch dieses unser Engelwesen die andern Wesen aus dem Reich der dritten Hierarchie im Zusammenhange mit den höheren Hierarchien entwickeln. Und unser Bewußtsein wird um so heller, um so inniger leuchtender, je mehr wir an idealen Gedanken und idealen Empfindungen, an Menschenliebe und religiösem Frommsein unserem Engelwesen zugefügt haben.«[13]

Gitta Mallasz (geb. 1907)

Zum Abschluß berichte ich noch von einem Zeugnis von Engeln, das Gitta Mallasz und ihre Freundin Hanna in den Jahren 1943 und 1944 direkt von Engeln empfangen haben. Damals lebte Gitta mit ihren drei Freunden, Lili und dem jungen Ehepaar Hanna und Josef, zusammen. Die jungen Erwachsenen befinden sich in einer persönlichen Entwicklungskrise, die sie durch gemeinsame künstlerische Arbeit und Lebensgestaltung bewältigen wollen. Die Freunde entstammen jüdischen Familien, ohne jedoch ihre Religion zu praktizieren. Gitta ist österreichischer Herkunft und christlich getauft. Die jüdischen Freunde kommen später im

Konzentrationslager ums Leben. Gitta emigriert 1960 nach Frankreich und legt 15 Jahre nach den Engel-Erlebnissen ihre Aufzeichnungen vor, die sogleich große Aufmerksamkeit in der Öffentlichkeit erhielten. Am 25. Juni 1943 erlebt Hanna zum ersten Mal, daß die Stimme eines Engels aus ihr spricht. 17 Monate lang wiederholen sich diese Durchgaben jeweils freitags um 15 Uhr. Während Gitta die Worte des Engels aus Hannas Mund aufschreibt, befindet sich Hanna in keinem Ekstase- oder Trance-Zustand. Wie sich die Begegnung zwischen Hanna und ihrem Engel vollzog, beschreibt Gitta wie folgt:

»Der Engel hielt die Grenze seines Niedersteigens ein. Hanna hingegen erhob sich während der Gespräche bis zur Grenze ihrer menschlichen Fähigkeiten. Die beiden Grenzen berührten sich und dennoch war nichts verwischt, der Engel blieb Engel, und der Mensch blieb Mensch. Nicht die Ähnlichkeit, sondern die sich ergänzende Verschiedenheit scheint das Einswerden zu ermöglichen. War das ein erster Schritt zur Einheit, die der neue Mensch einst ständig leben will?«[14].

Über die Sprechweise des Engels und ihre Sprache teilt uns Gitta mit:

»Während des ersten Teiles der Gespräche kam es oft vor, daß Wichtiges in kurzen, leicht faßbaren Versen gesagt wurde. Sie waren den Kindergarten-Reimen ähnlich, die ganz von selbst ins Ohr fließen und sich dennoch tief einprägen. Mir scheint, auch wir waren im Kindergarten der Engel und diese ›Kinder-Mantras‹ berührten uns unmittelbar. Ton und Rhythmus nahmen nicht den Umweg über den Verstand.«[15]

Als Beispiel für derartige Durchgaben der Engel erwähne ich die Botschaft vom 24. November 1944[16]:

ER ist das Gesetz,
die Zahl,
das Salz.

ER ist die Liebe,
die wachsende Liebe,
die strömende Liebe.

ER ist der Rhythmus,
die Schwingung,
die Bewegung.

ER ist das Lied,
das freie Lied.

ER ist das LICHT,
das wirkende LICHT.

ER IST DER HÖCHSTE.

Dort, wo die zwei Hälften sich vereinen,

dort wird das WORT geboren –

DAS WORT – DER BRENNPUNKT –

DAS ERKENNEN!

SO WERDEN EINS DIE MILLIONEN.

Dieser Aufbruch der spirituellen Dimension in der Seele ist tiefenpsychologisch ein Stück weit sicherlich aus der spirituellen Lebenskrise der jungen Leute zu erklären und dann vor allem durch die existentielle Lebensbedrohung angesichts des Konzentrationslagers. Doch darüber hinaus möchte Gitta Mallasz mit ihrem Zeugnis von den Engeln, ohne dies theologisch oder psychologisch aufzulösen, auf eine spirituelle Dimension im Menschen verweisen, die viele vergessen haben. Lassen wir abschließend nochmals Gitta selber zu Worte kommen, die den Empfang der Botschaft der Engel und ihre Bedeutung für die Menschen so beschreibt:

»Sie wurde durch Hanna gegeben und geformt, die mir unbelastet von jeder Glaubensform schien. Sie war wie ein unbeschriebenes Blatt und konnte daher das Wort der Engel unbeeinflußt aufnehmen. Ich glaube, daß es gerade ihre Unbefangenheit, ihre Offenheit und ihre große Intuitionsfähigkeit waren, die sie zur Wurzel alles Religiösen – sei es jüdisch, christlich oder allgemein menschlich – eine Beziehung finden ließ.«[17]

Wir lassen die Botschaft der Engel ausklingen mit folgendem Gedicht:

WAS DER ENGEL SAGT

Höre gut:
Ein wunderbarer Spiegel ist in dir.
Dieser Spiegel offenbart alles.
Er ruht in dir und spiegelt IHN.
Jedoch nur,
wenn Stille ist.

ER betrachtet sich in uns.
Seid also reine Spiegel!
Trübe, zersprungene Spiegel
werden verworfen,
denn sie sind unbrauchbar.

Abschließend möchte ich zusammenfassen, was wir heute an Erkenntnis gewinnen, wenn wir uns Bedeutung und Funktion der Engel bei Swedenborg und Steiner nahe kommen lassen.
Swedenborg hat von einem Engel die Ermahnung empfangen, er möge die Bedeutung der Engel den Menschen, gemäß der Fassungskraft ihres Verstandes, auslegen. Daraus entwickelte er die Lehre von den Entsprechungen, heute meistens Analogiebildung genannt, die Ernst Benz als einer der besten Kenner des umfangreichen Werkes von Swedenborg so beschreibt:

»Je mehr Swedenborg sich in den Gedanken vertieft, daß jedes natürliche Ding nur Schatten eines geistigen, dieses wiederum nur Abbild eines göttlichen Urbildes ist, desto mehr wird ihm die Erkenntnis des Entsprechungscharakters der Dinge dieser Welt zur Grundform der Erkenntnis überhaupt. Unter der Herrschaft dieser Idee verwandelt sich für ihn die ganze sichtbare natürliche Welt in einer wunderbaren Weise. Kein Ding dieser Welt ist allein das, wofür es sich seiner Gestalt und seinem Namen nach ausgibt, sondern es weist in einer verborgenen Art zurück auf die höheren Bereiche des Seins. Jedes Stäublein predigt durch sich selbst die Geheimnisse des Himmels«[18].

Das Gesagte läßt sich auf die Kurzformel bringen, daß es eine Vernetzung gibt zwischen dem göttlichen Urbild, den geistig-spirituellen Abbildern und den irdischen Dinge. Mit diesem analogen oder symbolischen Denken wird besonders in der Theologie, der Philosophie und in den anderen Geisteswissenschaften gearbeitet. Vom symbolischen Denken spricht man heute viel in jenen Kreisen, die sich um Selbsterkenntnis und neue Spiritualität bemühen.
Im Symbol sind Spiritualität, Seelisches und Körperliches zusammengefügt. Dieser Symbolbildungsprozeß ereignet sich jede Nacht in unseren Träumen und in unseren Visualisierungen sowie Imaginationen, in denen sich sowohl leibliche Prozesse spiegeln als auch seelische Bedürfnisse, geistige Werte und Vorstellungen.

Ähnlich wie Swedenborg seine Träume und Visionen als Entsprechungen zur geistigen Welt gesehen und gedeutet hat, so mögen wir uns darin üben, unsere persönlichen Träume symbolisch zu verstehen und sie in ihrer unendlichen Bilderfolge wie eine Silberschnur zu sehen, die uns mit der geistigen Welt verbindet.

Engel, so könnten wir festhalten, können unter anderem auch als spirituelle Symbole verstanden werden, die uns mit der geistigen Welt verbinden. Die verbindende Bedeutung haben wir in Swedenborgs Lehre von den Entsprechungen kennengelernt. Analog zu dem Glauben und dem Gottvertrauen eines Menschen können wir in der Erscheinung von Engeln die göttliche Zuwendung erkennen. Vielleicht haben die Engel in der Gegenwart auch deswegen Hochkonjunktur, weil Gott für viele Menschen zu weit weg oder als Urbild zu unanschaulich ist, während die Engel sich zwischen der göttlichen Welt und uns Menschen in einer Weise bewegen, die uns Nähe ermöglicht.

Von Rudolf Steiner können wir für den persönlichen Umgang mit Engeln lernen, daß die bewußte Einstellung und die vertrauensvolle Beziehung zu ihnen von grundlegender Bedeutung dafür ist, ob wir, zum Beispiel nachts, eine Erscheinung von Engeln haben. Ähnlich wie unser Tagesleben die Themen und den Stoff unserer Träume bestimmt, so geht es uns auch in der Erfahrung mit Engeln. Noch aktueller als das Gesagte erscheint mir die Auffassung Steiners, daß Engel fortwährend »Bilder« formen, in denen Kräfte für die zukünftige Entwicklung der Menschheit liegen[19].

In der individuellen therapeutischen Arbeit erfahre ich täglich etwas von dieser Wahrheit, wenn ich die Heilkräfte der Träume in das Leben eines Menschen zu integrieren helfe und sich daraus neue Entwicklungsmöglichkeiten ergeben oder ungeahnte Wachstumskräfte ins bewußte Leben fließen. Ich halte es für eine wunderbare Vorstellung, daß die Engel die Anordner und Gestalter dieser therapeutischen Kräfte im Selbst des Menschen sind. Um aus diesen spirituellen Heilquellen der Seele zu schöpfen, bin ich sehr darum bemüht, eine innige Beziehung zum Heilengel Raphael zu haben. Wenn Sie sich darum ebenfalls bemühen möchten, dann können Sie dies mit Hilfe der Affirmationen und Engel-Gebete im letzten Teil dieses Buches versuchen.

Ein Engel bringt die Kette zur Fesselung Satans
vor Anbruch des Tausendjährigen Reiches.
Lithographie zur Apokalypse von Odilon Redon, ca. 1890

Engel helfen Ketten sprengen

Der Engel von Redon ist für mich persönlich und für viele Ratsuchende und Patienten zu einem Sinnbild geworden, die Ketten zu sprengen, die uns in alten Lebensmustern und neurotischen Verstrickungen festhalten wollen. In spirituellen Lebenskrisen können Engel so etwas wie ein archimedischer Orientierungspunkt werden, um uns aus den Angeln des alten Lebens zu heben. Jeder, der erfahren hat, daß man aus tiefgreifenden Problemen nicht alleine herauskommt, weiß, wie hilfreich ein außenstehender Begleiter oder sogar eine höhere Macht, wie z.B. ein Engel, wirken können.
Durch die therapeutische Behandlung kann Menschen dazu verholfen werden, daß sie wieder vertrauens-, liebes- und arbeitsfähiger werden. Dies sind für unsere menschliche Gemeinschaft sicherlich sehr hohe Werte. Doch die Sinnfindung im Leben ist damit für viele noch nicht erreicht. Darum bemüht sich insbesondere die spirituelle Therapie, die Menschen zu einer Rückbesinnung auf ihre göttliche Herkunft und zu einer Rückbindung an das höhere Selbst zu verhelfen. In der Literatur zur spirituellen Therapie wird nach meiner Sicht kaum von der Hilfe der Engel in diesem Zusammenhang geredet. Daher erscheint es mir sehr wichtig, auch die Engel als unsere spirituellen Begleiter in diesem therapeutischen Prozeß einzubeziehen.

Affirmation:
– Mit meinem Engel kann ich Ketten sprengen
und verschlossene Türen öffnen!
– Mein Schutzengel gibt mir die Kraft,
den Selbstmordgedanken zu widerstehen!

Die spirituellen Führungskräfte

C.G. Jungs aktive Engel-Imaginationen

In einem heute hilfreichen Buch über Engel, das sich nicht darauf beschränken möchte, lediglich zu wiederholen oder mit neuen Worten auszudrücken, was in der christlichen Tradition über Engel gesagt wurde, sollte daher Raum sein für ein neues Verständnis der spirituellen Führungskräfte in der Seele der Menschen. Als Beispiel dazu wähle ich die Träume und die Imaginationen C.G. Jungs. Unter spirituellen Führungskräften verstehe ich in diesem Sinne etwas Ähnliches wie den Guru der östlichen Welt oder den inneren Lehrer oder spirituellen Führer. In den Imaginationen und großen Träumen sprechen diese spirituellen Führungskräfte Weisheiten, Lebenseinsichten oder Weisungen aus, die nicht einfachhin ausgedacht worden sind, sondern aus der geistigen Welt oder dem spirituellen Selbst empfangen werden. Diese Mitteilungen sind nicht als »Offenbarung« zu nehmen, wie dies in fast allen Religionen geschieht, sondern die Bilder und Emotionen in diesen Urerfahrungen sind in verständliche Sprache zu übersetzen. Die Mitteilungen aus dem Unbewußten sind zu verstehen und zu deuten und sollten schließlich das verantwortliche Handeln beeinflussen oder sogar bestimmen. Während die Engel als Boten, als spirituelle Begleiter uns zur Seite stehen oder mit uns gehen, liegt der Schwerpunkt der spirituellen Führungskräfte der Seele darin, uns persönliche Lebensweisheiten zu vermitteln und dazu zu motivieren, diese persönlichen Wahrheiten auch verantwortlich

zu leben. Manche nennen diese spirituelle Energie die innere Stimme, auf die man hören sollte; oder es wird von dem persönlichen spirituellen Lehrer gesprochen.
Viele Menschen finden ihre persönlichen Überzeugungen oder die eigene innere Wahrheit in einer spirituellen Lebenskrise. Mit dieser speziellen Krise sind hier nicht die vielen großen oder kleinen Konflikte oder Probleme gemeint, die jeder nach seinen Möglichkeiten lösen muß. Spirituelle Krisen erschüttern uns an den Wurzeln unserer Existenz und bringen unsere innersten Überzeugungen oder auch unser Wertsystem durcheinander. In solchen Krisen bieten die kollektiven Normen und Werte keinen Halt mehr und sind keine tragfähigen Überzeugungen für den persönlichen Lebensweg. Diese nur kurz umrissene Problematik entspricht der geistigen Situation unserer Zeit, die vielen nachdenklichen Menschen zu schaffen macht.
In der Regel kommt kein hilfreicher Engel und begleitet Menschen aus der spirituellen Lebenskrise; das muß jedoch noch nicht bedeuten, daß sich im Innersten der Seele gar nichts tut. An einigen Erfahrungen C.G. Jungs möchte ich aufzeigen, wie dieser große Tiefenpsychologe und Seelenarzt unseres Jahrhunderts in Zeiten seiner Unsicherheit und Desorientierung beginnt, auf die Weisungen seiner Seele zu achten und auf die leise Stimme in seinem Herzen zu hören. Auch wenn diese inneren Erfahrungen, die ihm später in personifizierten Gestalten eines Elia und eines Philemon zustießen, davon wird noch die Rede sein, nicht identisch sind mit der Botschaft von vertrauten Engeln, so wurde Jung doch durch diese inneren Führer, durch seine Träume und Imaginationen auf spirituelle Führungskräfte in seiner Seele aufmerksam, die, nach meiner Sicht, in die Nähe von Engelerfahrungen gehören.
Diese neuen Erfahrungen, von denen nun die Rede ist, begannen in den Jahren 1911 bis 1913, als Jung sich langsam von seinem Lehrer Freud trennte. Für ihn begann damit eine Zeit innerer Unsicherheit und Desorientierung. Auf der einen Seite fühlte er sich aus der ehrenvollen Zusammenarbeit mit seinem hochge-

schätzten genialen Lehrer Freud entlassen, und auf der anderen Seite hatte er noch keinen eigenen Standpunkt gefunden. In seiner Auseinandersetzung mit dem Unbewußten und mit den starken Energien seiner Seele durchlebte er Zeiten von Verunsicherungen und Orientierungslosigkeit, die ihn bis an den Rand einer Psychose führten. Viele existentielle Fragen bedrängten ihn in dieser Zeit[1]. Die inneren Erlebnisse C.G. Jungs, die im Dezember 1913 (Jung war zu jenem Zeitpunkt 38 Jahre alt) ihren Höhepunkt erreichten, haben große Ähnlichkeit mit den Einweihungen von Schamanen, die dann zu den Heilern und spirituellen Führern ihres Volkes werden. Ähnlich wie Schamanen eine Seelenreise in die jenseitige Welt oder in das Reich der Ahnen antreten, so entschloß sich Jung in die Tiefe des Unbewußten und seiner eigenen Seele vorzudringen. »Es war mir«, so beschreibt Jung diese Erfahrung, »als ob der Boden im wörtlichen Sinne unter mir nachgäbe und als ob ich in eine dunkle Tiefe sauste.«[2] In dieser Zeit vor dem Ausbruch des 1. Weltkrieges hatte Jung sich nicht nur mit seiner persönlichen und individuellen Lebensproblematik auseinanderzusetzen, sondern als intuitiver und sensibler Mensch spürte seine Seele auch das herannahende Unglück, was über ganz Europa kommen sollte[3]. Aus dem scheinbaren Chaos seines Seelenlebens kristallisierten sich schließlich drei Gestalten heraus, denen er verschiedene Namen gab. Zum einen beschäftigte ihn in seinen Imaginationen eine Frauengestalt, die blind war und sich Salome nannte, und zum anderen begegnete ihm ein alter weiser Mann, dem er den Namen Elias gab. Durch einen für ihn besonders wichtigen Traum lernte er dann seinen unsichtbaren Lehrer Philemon kennen, von dem Jung träumte:

»Es war blauer Himmel, aber er schien wie das Meer. Er war bedeckt – nicht von Wolken, sondern von braunen Erdschollen. Es sah aus, als ob die Schollen auseinanderbrächen und das blaue Wasser des Meeres dazwischen sichtbar würde. Das Wasser war aber der blaue Himmel. Plötzlich schwebte von rechts her ein geflügeltes Wesen herbei. Es war ein alter Mann mit Stierhörnern. Er trug einen Bund mit vier Schlüsseln und hielt den einen so, wie wenn er im Begriff stünde, ein Schloß aufzuschließen. Er war geflügelt, und seine Flügel waren wie diejenigen des Eisvogels mit ihren charakteristischen Farben.«[4]

Im Anschluß an diesen Traum erzählt Jung einige Begebenheiten, die uns die Bilder dieses Traumes verständlicher machen. Um sich die Gestalt dieses Traumes besser zu veranschaulichen, malte er Philemon über seinem Bett in Bollingen an die Wand. Das geflügelte Wesen des Traumes bringt Jung mit einem Zufallserlebnis in Verbindung, das er wie folgt schildert:

»In den Tagen, als ich damit beschäftigt war, fand ich am Seeufer des Gartens einen toten Eisvogel! Ich war wie vom Donner gerührt! Nur ganz selten sieht man Eisvögel in der Umgebung von Zürich. Darum war ich von diesem anscheinend zufälligen Zusammentreffen so betroffen. Die Leiche war noch frisch, höchstens zwei bis drei Tage alt, und wies keine äußeren Verletzungen auf.«[5]

Solche Synchronizitätsereignisse, wie Jung das später nannte, erleben Menschen häufig im Zusammenhang mit spirituellen Erfahrungen. Durch die Phantasiegespräche mit Philemon, seinem Seelenfreund, gewann Jung seine entscheidenden Erkenntnisse über die Wirklichkeit der Seele,

»daß es Dinge in der Seele gibt, die nicht ich mache, sondern die sich selber machen und ihr eigenes Leben haben. Philemon stellt eine Kraft dar, die ich nicht war. Ich führte Phantasiegespräche mit ihm, und er sprach Dinge aus, die ich nicht bewußt gedacht hatte. Ich nahm genau wahr, daß er es war, der redete und nicht ich. Er erklärte mir, daß ich mit den Gedanken so umginge, als hätte ich sie selbst erzeugt, während sie nach seiner Ansicht eigenes Leben besäßen wie Tiere im Walde oder Menschen in einem Zimmer, oder wie Vögel in der Luft...«

Oft schien Philemon wie ein wirklicher »Geist« gegenwärtig zu sein, wie ein unsichtbarer Guru oder Lehrer«[6]. Wenn wir den Traum und den Kommentar von Jung auf uns wirken lassen, bedarf es vermutlich keiner außergewöhnlichen Anstrengung, bei

den Gestalten und Bildern an den Engel eines modernen Menschen zu denken.
Nun zu Elia: M.L. von Franz, die wohl bekannteste Mitarbeiterin von C.G. Jung, deutet in ihrem Kommentar die Gestalt des Elia als eine Personifikation des Gottmenschen und sieht ihn in Analogie zu der islamischen Gestalt des Chidr und zu Merlin in der mittelalterlichen Gralssage[7]. Ferner wird die Gestalt des Elia mit dem alchemistischen Merkurius oder auch Hermes, dem Grenzgänger, in Beziehung gesetzt, welche Symbole des Selbst verkörpern[8]. C.G. Jung schreibt in einem Brief, daß der Prophet Elia in einem hohen Maße eine mythische Gestalt ist und nach einer alten Überlieferung »die Verkörperung einer ewigen Seelensubstanz von gleicher Natur wie die Engel sei«. Es war sein Geist, der den Widder als Ersatz für Isaak herbeigerufen hatte... Er ist bei der Beschneidung als »Engel des Bundes« zugegen. »Selbst noch in unseren Tagen hält man für Elia beim Beschneidungsritus einen Sessel bereit, und beim Paschamahl wird ein Becher mit Wein auf den Tisch gestellt, und der Familienvater öffnet die Türen um Elia einzuladen, er möchte hereinkommen und am Fest teilnehmen.«[9]
Von dem jüdischen Gelehrten Ludwig Ehrlich wird Elia als Wanderer zwischen den Welten bezeichnet. In einem Vortrag sagte Ehrlich: »Während die Großen der jüdischen Geschichte, von Abraham bis Mose, lebten und starben, starb Elia nie: Er entschwand lebend mit einem Feuerwagen in den Lüften und lebt bis heute als Wanderer zwischen Himmel und Erde.« Ehrlich berichtete ferner darüber, wie sich die Rabbinen nicht mit Kommentaren dazu begnügten, sondern, einmalig in der jüdischen Tradition, Elia zu einer »Zwischenfigur« entwickelten – weder eine menschliche Person noch ein himmlisches Wesen –, die auf Erden immer wieder hilfreich ist. Einmal hilft Elia Armen, einmal schützt er vor Unrecht, korrigiert Gelehrte, ist »Schutzengel« der Kinder, anwesend bei der Beschneidung, erwartet beim Seder, dann ist er Vorläufer des kommenden Messias.

Und Elia ist nach Ludwig Ehrlich noch etwas anderes: Alle sollten so »wie Elia« werden, dem Nächsten ein Freund und ein Beschützer der von Haß Bedrohten. Elia sei die konkrete Hoffnung, heute und morgen, bis der Messias kommt.[10]

Diese Übereinstimmung im Verständnis des Elia zwischen einem Theologen und einem Psychologen war vor etwa 40 Jahren noch nicht möglich. Damals gab es einen großen Streit zwischen C.G. Jung und dem jüdischen Gelehrten Martin Buber über das Verständnis von Gottesbildern und archetypischer spiritueller Symbole wie z.B. den Engeln als autonome seelische Inhalte. Schon damals führte Jung aus, daß die Engel archetypische Bilder mit einer spezifischen Energie seien, daß man sie als »psychische Dämonen« bezeichnen könnte. »Das Ich steht nämlich in erster Linie seelischen Mächten gegenüber, welche uralt geheiligte Namen tragen, um derentwillen sie von je her mit metaphysischen Existenzen identifiziert werden. Die Analyse des Unbewußten hat schon längst das Vorhandensein dieser ›Mächte‹ in Gestalt archetypischer Bilder nachgewiesen ...«[11]

Jung befaßt sich mit den Engeln als Arzt und Therapeut, er geht in seiner Deutung von der Erfahrungswissenschaft aus und bietet daher für moderne Menschen, denen die christlichen Anschauungen nicht mehr zueigen sind, eine Verstehensmöglichkeit für diese spirituellen Phänomene. Für Jung sind die Engel archetypische Symbole, die im Kollektiven Unbewußten verankert sind und eine spirituelle Energie darstellen. Wenn Jung von Engeln oder Dämonen spricht oder schreibt, dann ist er sich darüber im klaren, anthropomorphe (menschliche) Aussagen und Bilder über psychische Energien zu verwenden, für die wir jedoch keine andere Sprache haben. Diese »psychischen Dämonen« und Engel werden vom denkenden Ich und vom menschlichen Bewußtsein als autonome seelische Mächte empfunden, denen eine starke Numinosität (eine göttlich wirkende Macht ohne persönlichen Gestaltcharakter) eigen ist. Für Jung als Empiriker ist es entscheidend, bis an die Grenzen des wissenschaftlich Sagbaren zu gehen, ohne eine metaphysische Aussage oder ein theologisches Porträt über einen Engel zu entwerfen. Trotz dieser Bescheidung für das Ausdrückbare, beschreibt er mit seinem Verständnis der »transzendenten Funktion« der Psyche einen spirituellen Kanal in der Seele, der uns einen Zugang zur geistigen Welt und zu einem neuen, zeitgenössischen Verständnis der Engel ermöglichen kann.

Ähnlich wie die Engel Botschafter und Mittler sind zwischen Gott und den Menschen, zwischen der realen und der spirituellen Welt, so ist die transzendente Funktion der Seele ein Bindeglied zwischen dem Bewußtsein und dem Unbewußten. Während das Bewußtsein und die rationale Einstellung vieler Menschen oftmals für eine eindeutige und klare Entscheidung plädieren, ermöglicht die transzendente Funktion[12] eine Transformation der psychischen Energien und eine ausgleichende Lösung anstehender Konflikte. Diese Wandlungsvorgänge im Geiste und in der Seele eines Menschen sind komplexe Prozesse, die in den folgenden Aspekten zusammenwirken:

- Die transzendente Funktion ermöglicht eine ganzheitliche Sichtweise, vergleichbar mit dem dritten Auge, das hinter den Dingen und Gegensätzen neue Möglichkeiten erkennt, die unsere normalen Augen nicht sehen.
- Die transzendente Funktion können wir uns wie einen spirituellen Kanal im Unbewußten vorstellen, durch den die Gegensätze und Spannungen in der Persönlichkeit durch Symbolbildungen ausgeglichen oder überbrückt werden. Wie ein Transformator oder ein Umspannwerk die Energien umwandelt und in neue Leitungen lenkt, so wird ein Selbstregulierungsprozeß durch die genannte psychische Funktion möglich.
- Die transzendente Funktion geht aus den spirituellen Lebenskrisen hervor und wird vom Bewußtsein gelegentlich wie der Eingriff eines guten Engels empfunden. Diese Funktion befähigt den Menschen, aufreibende Einseitigkeiten zu vermeiden und die sinnlosen Konflikte durch heilende Symbole zu

überbrücken. Damit kann ein Patient aus eigenen Kräften sich selber helfen und wird damit nicht zu abhängig von einem Therapeuten.

- Die transzendente Funktion ermöglicht eine Bewußtwerdung der psychischen Ganzheit und eine Annäherung an das Selbst. Jung hielt diese psychische Funktion für den wichtigsten Faktor im therapeutischen Prozeß.[13]
- Die transzendente Funktion ist der entscheidende Kanal für eine transpersonale Psychotherapie, weil sie den Zugang zum kollektiven Unbewußten der Menschheit schafft, wo alle spirituellen Heilkräfte gespeichert sind und auf ihren Abruf warten.
- Die transzendente Funktion ist eine spirituelle »Leitung«, vergleichbar mit der Leiter im Traum des Jakob, auf der die Engel herauf- und hinabstiegen: Ausdrucksformen von wirkungsvollen Energiemustern, die den Menschen mit der Dimension des Geistigen verbinden und somit spirituelle Erfahrungen ermöglichen.
- Die transzendente Funktion ist der entscheidende Kanal zur Bewußtseinserweiterung. Es geht um den Erkenntnisgewinn, daß Wirklichkeit umfassender und komplexer ist, als wir es gemeinhin denken. Wirklichkeit ist für mich alles, was auf mich bewußt und/oder unbewußt einwirkt. Die neuen Weltbilder und Erkenntnistheorien legen nahe, daß unsere Welt aus vielen vernetzten Systemen besteht, in die wir eingebunden sind, von denen wir beeinflußt werden und die wir auch unsererseits fortwährend beeinflussen oder beeinträchtigen.[14]

Ich persönlich erfahre in der therapeutischen Begleitung einzelner Menschen, daß sie gesunder, heiler werden; sie fühlen sich in der bedrohten Welt bewahrt, wenn sie einen Zugang zur Spiritualität gefunden haben und mit den Engeln gehen. Eine Patientin fand dazu die Formulierung, die ich hier mit meinen Worten zusammenfasse: Seitdem ich mit den Engeln gehe, gehe ich mit mir selber und auch mit den Mitmenschen liebevoller um und übernehme auch mehr Verantwortung für die Umwelt!

Dieses Zeugnis möchte ich insbesondere allen jenen Menschen entgegenhalten, die noch immer das Vorurteil haben, daß Engel und Spiritualität rein subjektive und innere Einbildungen seien, die für die Mitmenschen und die Umwelt nichts austrügen. Bewußtseinserweiterung und Erkenntniszuwachs durch die Erfahrungen einer spirituellen Wirklichkeit und durch den Umgang mit Engeln sind nach meiner Überzeugung genauso wichtig, wie zum Beispiel die Erforschung des Weltraums. Ähnlich wie hier mit großer Begeisterung vieles zur Erforschung und Eroberung neuer Lebensräume im Kosmos investiert wird, so sollten wir auch unsere innere Erlebniswelt weiter erforschen und durch die Bewußtseinserweiterung Menschen dazu befähigen, mit ihren unbewußten Ängsten, den psychischen Lebensenergien und vor allem mit den krankmachenden seelischen Störungen besser umgehen zu lernen.[15]

Ein Weg zur Bewußtseinserweiterung und zum Kennenlernen der inneren Welt ist die Visualisierung der aufsteigenden Gefühle und Gedanken sowie die aktive Imagination nach C.G. Jung[16]. Eine weitere Möglichkeit ist der Umgang mit den eigenen Träumen, die uns jede Nacht mit der »Anderwelt«, sprich der anderen geistigen Welt, verbinden. Die Visualisierung ist ein schöpferischer Vorgang, der es uns ermöglicht, mit Hilfe der Einbildungskraft und unseres Vorstellungsvermögens die unanschaulichen Lebensprozesse in Körper und Seele wie im Geiste zur Erscheinung zu bringen und dadurch Einsichten in diese Wirkkräfte zu gewinnen. Etwas Ähnliches geschieht in der aktiven Imagination, in der die unbewußten Kräfte personifiziert und – wie ein Film auf die Leinwand – ins Bewußtsein projiziert werden; in dieser Anschaulichkeit werden sie der Auseinandersetzung zugänglich. Diese Vorgänge ereignen sich autonom im Traum. Daher sind nach S. Freud die Träume der Königsweg zum Unbewußten, und ich füge hinzu: eine Leitung zur spirituellen Welt, aus der uns manchmal auch ein Engel erscheinen kann, wie C.G. Jung Elia.

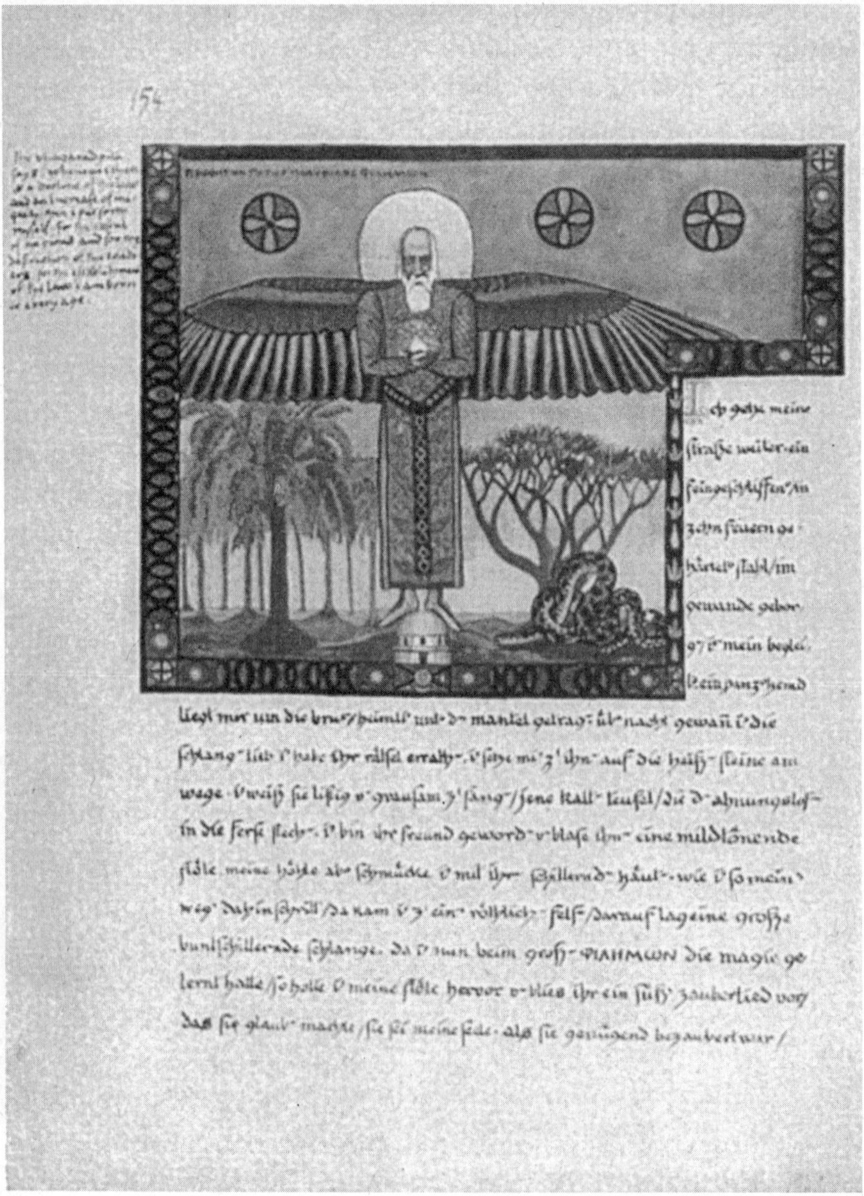

Elia – Philemon – Merkurius
Seite aus dem »Roten Buch« von C.G. Jung

Weisheit und Spiritualität der Seele

Engel sind nach der Tiefenpsychologie von C.G. Jung spirituelle Führungskräfte der Seele. Es sind archetypische Symbole mit einer spirituellen Energie, die auf das Ich und das Bewußtsein des Menschen eine erschreckende oder heilende Wirkung haben können. Jung lernte diese Wirkungskräfte des Kollektiven Unbewußten in seinen Träumen und Imaginationen kennen und gab diesen Symbolgestalten die Namen Elia und Philemon (der Liebende). Er malte diese geflügelte Gestalt und schrieb ihr eine ähnliche Bedeutung zu wie den mythischen Seelenführern Hermes und Mercurius (s. Abbildung).

C.G. Jungs Forschungen über die autonomen Kräfte des Unbewußten und seine Erkenntnisse über die »transzendente Funktion der Psyche« können für suchende Menschen unserer Zeit zu einem neuen Verständnis der Engel beitragen. Während in der biblischen Überlieferung die Engel hauptsächlich als Boten Gottes erscheinen und in der traditionellen Vorstellung von Engeln diese in entsprechend symbolischer Gestalt dargestellt werden, ist das Neue an der tiefenpsychologischen Deutung dieser spirituellen Führungskräfte der Seele deren energetische Erscheinung und deren energetische Wirkung auf das menschliche Bewußtsein und das Leben. Bei der ganzheitlichen Betrachtung der Engel sind deren symbolische Erscheinungen und ihre spirituellen Energien keine Gegensätze, sondern zwei Erscheinungswelten des gleichen Phänomens, ähnlich wie Welle und Teilchen beim Licht in der modernen Physik.

Aus den therapeutischen und tiefenpsychologischen Erkenntnissen von C.G. Jung können Sie für sich persönlich den Erkenntnisgewinn schöpfen, daß im Seelenkern, dem Selbst, unzerstörbar erscheinende Lebensmöglichkeiten und -energien schlummern. Diese Mitte der Person ist die besondere Wirkstätte der Seele. Die Tiefenpsychologie von Jung zeigt Wege zu ganzheitlichen

Hermes als Seelführer · Terrakotta, Attika

Erfahrungen, damit »Kopf« (= Ratio, Bewußtsein, logisches Denken, Ich-Funktionen) und »Herz« (= Seele, Emotionalität, Symbolerfahrung, *Selbst*) wieder in eine ganzheitliche Beziehung kommen: Wir können mit beiden Anteilen unserer Persönlichkeit ein ausbalanciertes Leben führen. C.G. Jung erinnert uns an die Heilquellen der Seele und an Heilkräfte aus dem Selbst, die wir mit Hilfe unserer spirituellen Begleiter neu entdecken können.

Affirmation:
– Mein Engel erwecke und befreie
meine schöpferischen Potentiale!
– Der Engel reinige und öffne meine geistigen Kanäle
für die neue Spiritualität!

Inspirierende Schöpferkräfte

Engel-Gedichte von Rose Ausländer und Rainer Maria Rilke

»Lenk Deinen Schritt engelwärts«

Dieses tiefsinnige Sprachbild von Rose Ausländer steht am Ende ihres Gedichtes »Der Engel in Dir«.[1] Sie beschreibt darin die Kommunikation zwischen Mensch und Engel aus der Perspektive des Engels.

DER ENGEL IN DIR

Der Engel in dir
freut sich über dein
Licht
weint über deine Finsternis

Aus seinen Flügeln rauschen
Liebesworte
Gedichte Liebkosungen

Er bewacht
deinen Weg

Lenk deinen Schritt
engelwärts

Ich habe daraus für meine persönliche Beziehung zu Engeln gelernt, daß sie auf meine Befindlichkeit reagieren können. Sie weinen über meine Finsternis, und sie freuen sich über mein Licht. Es gibt in der geistigen Welt der Engel nach der Anschauung von Rose Ausländer also gefühlsmäßige Reaktionen. Seelische

Empfindungen bilden so etwas wie eine Brücke zwischen Menschen und Engeln. Mit dieser Sicht steht die Dichterin in der Tradition von Rainer Maria Rilke, der wiederholt von den »Fühlungen« der Engel sprach, auf die ich später noch eingehen werde.

Ich lade Sie jetzt ein, nachdenklich und besinnlich nochmals das Gedicht zu lesen und zu überlegen, welche Anregungen Sie daraus empfangen können für die zukünftigen Begegnungen mit Engeln.

Ich möchte Ihnen meine Einsichten aus der Meditation dieses Gedichtes mitteilen und Sie damit zum Weiterdenken anregen.

Der Engel als persönlicher Begleiter ist nicht irgendwo *zwischen* Himmel und Erde zu finden, wie es in manchen traditionellen Vorstellungen über Engel der Fall ist, sondern nach Rose Ausländer ist der Engel in uns. Rose Ausländer drückt in ihrem dichterischen Sprachbild das aus, was die Tiefenpsychologie seit etwa einem Jahrhundert ebenfalls versucht, nämlich die Menschen an eine Wirklichkeit und Dimension in der eigenen Seele zu erinnern. Durch diese Beschreibung des Engels als spirituelle Wesenheit in uns, werden wir zugleich an eine alte biblische Botschaft erinnert, daß nämlich auch das Reich Gottes als der Herrschaftsbereich Gottes inwendig in uns ist.[2] Es scheint ein uraltes Problem zu sein, daß Menschen immer wieder dazu neigen, spirituelle Erfahrungen überwiegend im Außen und in der äußeren Realität zu suchen, anstatt auf den Engel und die leise Stimme in sich selber zu hören.

Rose Ausländer verdichtet in ihrem Text drei Aspekte des Wesens der Engel. Am vertrautesten ist uns wohl die Funktion des *Schutzengels,* den sie mit den Worten beschreibt: »Er bewacht deinen Weg.« Während nach der traditionellen Engelvorstellung die Schutzengel mitgehen und in gefahrvollen Situationen bewahrend und schützend eingreifen, ist diese Vorstellung nach Auschwitz und den zwei schrecklichen Weltkriegen so nicht mehr haltbar. Daher zieht sich die Dichterin verständlicherweise auf eine bescheidenere Aussage über die Funktion des Schutzengels zurück. Engel werden als Bewacher vorgestellt und nicht mehr als Beschützer. Die zweite Funktion des Engels in diesem Gedicht möchte ich mit dem Stichwort des *Schreibengels* beschreiben. »Auf seinen Flügeln rauschen Liebesworte, Gedichte, Liebkosungen.« Wenn wir die Nähe eines Engels spüren oder seine Flügel rauschen hören, dann ist dies für den empfänglichen und sensiblen Menschen wie eine Liebkosung oder wie Liebesworte. Zugleich können aus diesen tiefen Erfahrungen und Empfindungen auch Gedichte entstehen. Bei vielen Dichtern wird der schöpferische Akt durch die Berührung einer inspirierenden Kraft, wie der eines Engels, bezeugt.

Eine dritte Erscheinungsweise des Engels möchte ich mit *Seelenengel* bezeichnen: jene spirituelle Kraft, die der Freude und dem Weinen ihren tieferen Sinn gibt. So gesehen, bekommt der Engel von Rose Ausländer für mich auch eine sinnliche Dimension. Wenn dieser Engel in mir ist, dann hat er auch Anteil an meinen seelischen Regungen. Er hat Antennen und Wahrnehmungsorgane für mein Licht und meine Finsternis. Damit dichte ich dem Engel keine Augen oder andere menschliche Sinne an; aber wenn er sich freuen kann oder weinen, dann ist er nicht mehr jenes seelenlose Wesen, das in der traditionellen Engelvorstellung häufig zum Ausdruck kommt. Die Verleiblichung des Engels in den genannten seelischen Regungen offenbart mir die an anderer Stelle beschriebene spirituelle und transzendente Funktion der Seele.

Den Schluß des Gedichtes bildet die Aufforderung, sich dem Engel zu nahen. Es wird geraten, den Schritt »engelwärts« zu lenken. Dies verstehe ich als neue Ausrichtung und Hinwendung zur Engelwelt bzw. zur spirituellen Wirklichkeit. Während heute die Ideologie des Fortschritts vorherrscht, geht es hier um Schritte in die Richtung der Engel. Es sollen nicht alleine neue oder schöne Gedanken über die Engel sein, sondern konkrete Schritte zur Annäherung an diese spirituelle Wirklichkeit. Das Ich-Bewußtsein des Menschen, das alle Entscheidungen und Lebensschritte lenkt, wird aufgerufen, engelwärts den Schritt zu lenken. Für die persönliche Begegnung mit Engeln bedeutet dies, nicht zu warten, bis sie erscheinen oder spürbar werden, sondern ihnen entgegenzugehen. Dazu ruft uns die Dichterin in einem anderen Gedicht auf:

Komm, Engel, treib uns ins Paradies.
Dort sind wir zwei winzig kleine Blumen.

»Jeder Engel ist schrecklich«

Wie gesagt: Die seelischen und sinnlichen Regungen der Engel von Rose Ausländer sollen nun durch einige Engel-Gedichte von Rainer Maria Rilke ergänzt werden. Zu diesem schwierigen Unterfangen möchte ich einleitend vermerken, daß es dabei nicht um eine literaturwissenschaftliche Deutung gehen kann, sondern um persönliche Imaginationen und Meditationen zu Texten von Rilke.

Diese erste Zeile aus der zweiten Duineser Elegie stelle ich bewußt an den Anfang meiner persönlichen Reflexion über den Engel im Werk von Rilke. Den verschiedenen Aspekten des Engels bei Rilke nachzugehen, wäre das Thema einer literaturwissenschaftlichen Arbeit. Dies ist hier nicht mein Anliegen, ich verweise die daran Interessierten auf Fachliteratur[3].

Nachdem wir uns schon in vielfältiger Weise mit den spirituellen Erfahrungen mit Engeln auseinandergesetzt haben, möchte ich meinen Betrachtungen drei Deutungswege des Engels bei Rilke zugrunde legen:

- Biographische Gesichtspunkte zum Verständnis des Engels bei Rilke,
- Tiefenpsychologische Deutungen der ausgewählten Texte und
- Engel als spirituelle Symbole.

Wer Biographien, Briefe oder persönlichen Aufzeichnungen Rilkes studiert, findet darin zahlreiche Hinweise, die uns die dichterischen Motive und Sprachbilder verständlicher und eindrucksvoller werden lassen, wenn wir sie auf dem Hintergrund des persönlichen Lebens dieses genialen Dichters sehen. Damit soll nicht gesagt sein, daß das dichterische Werk einzig und allein daraus abzuleiten wäre. Allein schon die übliche Aufteilung in verschiedene Schaffensphasen oder die spirituellen Lebenskrisen Rilkes und die daraus sich ergebenden Innovationen für das dichterische Schaffen sind Belege genug für die Berücksichtigung des biographischen Gesichtspunktes. Im Hinblick auf das Verständnis des Engels im Werk von Rilke vertrete ich die Auffassung, daß ein großer Teil des Engel-Bildes aus der höchst ambivalenten Mutterbeziehung des Dichters erwachsen ist. Bereits vor Jahren habe ich in meiner therapeutischen Arbeit die Entdeckung gemacht, daß auch die Gottesbilder eines Menschen unlöslich mit den Elternbildern verbunden sind[4]. Diese Erkenntnis wende ich auf die Entwicklung des Engelbildes bei Rilke an und behaupte, daß deswegen »jeder Engel schrecklich ist«, weil er schreckliche Erfahrungen mit seiner Mutter gemacht hat. Ihn graute noch als 29jähriger vor ihr, wie er in einem Brief vom 15. April 1904 an die mütterliche Freundin und langjährige Geliebte Lou Andreas-Salomé schrieb:

»Meine Mutter kam nach Rom und ist noch hier. Ich sehe sie nur selten, aber – Du weißt es – jede Begegnung mit ihr ist eine Art Rückfall … Wenn ich diese verlorene, unwirkliche, mit nichts zusammenhängende Frau, die nicht altwerden kann, sehen muß, dann fühle ich, wie ich schon als Kind von ihr fortgestrebt habe, und fürchte tief in mir, daß ich, nach Jahren und Jahren Laufens und Gehens, immer noch nicht fern genug von ihr bin, daß ich innerlich irgendwo noch Bewegungen habe, die die andere Hälfte ihrer verkümmerten Gebärden sind, Stücke von Erinnerungen, die sie zerschlagen in sich herumträgt; dann graut mir vor ihrer zerstreuten Frömmigkeit, vor ihrem eigensinnigen Glauben, vor allem diesen Verzerrten und Entstellten, daran sie sich gehängt hat, selber leer wie ein Kleid, gespenstisch und schrecklich. Und daß ich doch ihr Kind bin; daß in dieser zu nichts gehörenden, verwaschenen Wand irgendeine kaum erkennbare Tapetentür mein Eingang in die Welt war – (wenn anders solcher Eingang überhaupt in die Welt führen kann ...)!«[5]

Dieses Grauen vor der Mutter kommt auch in einem Gedicht aus dem Jahre 1915 zum Ausdruck, welches lautet:

Ach wehe, meine Mutter reißt mich ein.
Da hab ich Stein auf Stein zu mir gelegt,
und stand schon wie ein kleines Haus, um das sich
groß der Tag bewegt,
sogar allein.
Nun kommt die Mutter, kommt und reißt mich ein.

Sie reißt mich ein, indem sie kommt und schaut.
Sie sieht es nicht, daß einer baut.
Sie geht mir mitten durch die Wand von Stein.
Ach wehe, meine Mutter reißt mich ein.

Die Vögel fliegen leichter um mich her.
Die fremden Hunde wissen: das ist der.
Nur einzig meine Mutter kennt es nicht,
mein langsam mehr gewordenes Gesicht.

Von ihr zu mir war nie ein warmer Wind.
Sie lebt nicht dorten, wo die Lüfte sind.
Sie liegt in einem hohen Herzverschlag,
und Christus kommt
und wäscht sie jeden Tag.[6]

Rilke vermerkt zwar an einigen Stellen, daß es auch zärtliche Gefühle in seiner Kindheit zwischen ihm und seiner Mutter gab, aber bestimmend und prägend bleibt ein tiefgreifendes Ambivalenz-Gefühl[7] zwischen dem Dichter und seiner Mutter. Dieses spiegelt sich auch in dem zwei- und mehrdeutigen Bild des Engels bei Rilke.

In meiner tiefenpsychologischen Deutung des Engels bei Rilke gehe ich von der Annahme aus, daß sich der Dichter mit diesem spirituellen Symbol ein positives Gegenbild schuf, um die Angst vor dem verinnerlichten Bild einer grauenhaften Mutter aushalten zu können. Eine derart merkwürdige Projektion und geheimnisvolle Reaktion von Rilke in der dichterischen Erschaffung eines Engels wird in der Tiefenpsychologie und analytischen Psychotherapie als Gegenübertragung eines Menschen bezeichnet. So wie ein Analysand seine zumeist unbewußten Probleme auf den Analytiker überträgt und dieser in seinen bewußten und unbewußten Gegenübertragungen darauf reagiert, so reagierte Rilke auf die unzähligen Erfahrungen mit der Mutter und den vielen anderen Freundinnen und Freunden mit seinen unzählen Gegenübertragungen, die das Urgestein für seine dichterischen Motive und damit auch für seine Engel sind[8]. Damit ist nicht gesagt, daß das dichterische Werk lediglich aus Projektionen oder Gegenübertragungen bestehe, aber wir haben damit im seelischen Erlebnisbereich eine wesentliche Triebfeder erkannt. So wie Rilke zeit seines Lebens mit der Mutter und ihrem verinnerlichten Bildnis gerungen hat, so ringt er in seinem geistigen und seelischen Leben mit seinem Engel. In meiner tiefenpsychologischen Deutung verstehe ich den Engel bei Rilke als ein persönliches spirituelles Symbol.
Drei Aspekte des Engels im Werk von Rilke meine ich unterscheiden zu können:

1. Der Engel als Bote und Künder.
2. Die dialektische Beziehung zwischen Mensch und Engel.
3. Die Engel-Werdung des Menschen und seine spirituelle Wandlung.

Der Engel als Künder wird uns in dem folgenden Gedicht aus dem Jahre 1899 vorgestellt, woraus ich die erste und die letzte Strophe zitiere:

Du bist nicht näher an Gott als wir;
wir sind ihm alle weit.
Aber wunderbar sind dir
die Hände benedeit.
So reifen sie bei keiner Frau,
so schimmernd aus dem Saum:
ich bin der Tag, ich bin der Tau,
du aber bist der Baum.

Die Engel alle bangen so,
lassen einander los:
noch nie war das Verlangen so,
so ungewiß und groß.
Vielleicht, daß Etwas bald geschieht,
das du im Traum begreifst.
Gegrüßt sei, meine Seele sieht:
du bist bereit und reifst.
Du bist ein großes, hohes Tor,
und aufgehn wirst du bald.
Du, meines Liedes liebstes Ohr,
jetzt fühle ich: mein Wort verlor
sich in dir wie im Wald.

So kam ich und vollendete
dir tausendeinen Traum.
Gott sah mich an; er blendete ...

Du aber bist der Baum.

Der Mensch wird hier als das Du und als Gegenüber des Engels angesehen und angeredet. Wie in der biblischen und traditionellen Vorstellung ein qualitativer Abstand zwischen Gott, Mensch und Welt besteht, so wird dieser auch hier festgestellt: »Wir sind ihm alle weit.« Die Engel scheinen dabei mehr auf seiten des Menschen gedacht, als auf der Seite Gottes. Diese Vorstellung scheint Rilke aus dem Engeltraum des Jakob entlehnt zu haben, wo es ausdrücklich heißt, daß die Engel Gottes auf der Himmelsleiter auf- und niedersteigen. Noch eine weitere Analogie drängt sich auf. Die Leiter wird hier als Vehikel für den Aufstieg in die himmlische

Welt angesehen. Im Gedicht von Rilke ist es der Mensch als Baum, der den Aufstieg in die spirituelle Welt ermöglicht. Die gleiche Funktion hat der Baum bei der Initiation der Schamanen. Durch die Besteigung des Baumes begibt sich der Schamane zum Aufstieg in die jenseitige Welt.

In der Selbstvorstellung des Engels ist er »der Tag, der Tau«, und wie es in der dritten Strophe heißt: »Ich bin ein Hauch im Hain«. Es werden Bilder und Symbole für den Engel verwendet, die aus der Tradition vertraut sind. Doch dann kommt in der letzten Strophe eine besonders Bewegung in die Engelwelt. Sie alle bangen und haben ein großes Verlangen: Doch wonach? Der Engel: »Vielleicht, daß Etwas bald geschieht, das Du im Traum begreifst.« Was könnte dieses Etwas sein? Und dann der Zweifel, ausgedrückt in dem »Vielleicht«. Der Mensch wird aufgerufen, im Traum zu begreifen, was die Engel künden[9]. Die Empfänglichkeit des Menschen für die Botschaft des Engels wird mit den Bildern umschrieben, daß die Seele sieht und das Ohr wie ein Tor aufgehen wird. Diese Öffnung und Bereitschaft ermöglicht das Reisen. Ein Urbild für das Wachstum der Persönlichkeit ist der Baum[10]. Daher lautet die in diesem Gedicht mehrfache Wiederholung am Ende einer jeden Strophe: »Du aber bist der Baum.«

Zu dieser Gleichung von Mensch und Baum möchte ich schließlich noch auf das biblische Urbild vom Baum des Lebens verweisen, der nach der Genesis zusammen mit dem Baum der Erkenntnis im Paradiese stand. Nach dem sogenannten »Sündenfall«, der tiefenpsychologisch als sinnvoller Prozeß zur Individuation angesehen wird, ist seitdem der Weg zum Baum des Lebens versperrt und verboten, worüber die Engel mit dem Flammenschwert (Cherubim) streng wachen. Nach dem archetypischen Traum des Sehers Johannes wird eines Tages dieser Zugang zum Baum des Lebens wieder möglich sein; durch die Blätter dieses Lebensbaums wird den Menschen Heilung zuteil[11].

Den zweiten Aspekt des Engels im Werk von Rilke möchte ich als *dialektische und dynamische Beziehung* zwischen Mensch und Engel beschreiben. Dazu ziehe ich einige Texte heran, die von der »Fühlung« des Engels sprechen. Mit dieser seltsam anmutenden Formulierung schreibt der Dichter dem Engel eine sonst ungewöhnliche Seinsweise zu.

Siehe, Engel fühlen durch den Raum
ihre unaufhörlichen Gefühle.
Unsre Weißglut wäre ihre Kühle.
Siehe, Engel glühen durch den Raum.

Während uns, die wirs nicht anders wissen,
eins sich wehrt und eins umsonst geschieht,
schreiten sie, von Zielen hingerissen,
durch ihr ausgebildetes Gebiet.

Zur Einleitung der ersten Gedichtzeile verwendet Rilke das in der Bibel häufig verwendete »Siehe«, das besonders auch im Zusammenhang mit der Erscheinung von Engeln benutzt wird[12]. Mit diesem *Siehe* wird eine erhöhte Aufmerksamkeit gefordert und ein Sehen, das über das Normale hinausgeht. Dieses ist im Gedicht auch gefordert, um die Fühlung des Engels zu erfassen. Obwohl der Dichter in der zweiten Zeile von den »unaufhörlichen Gefühlen« der Engel spricht, dürften darunter nicht die Gefühle im landläufigen Sinne zu verstehen sein. Ich deute dieses Fühlen als ein ganz besonderes »feeling« für die spirituellen Energien, die durch den Raum »glühen«, wie es am Ende der ersten Strophe heißt. Dies geschieht nicht ziellos oder chaotisch, sondern nach einem zielgerichteten Energiemuster, das »unaufhörlich« wirksam ist.

In einem anderen Gedicht bringt Rilke die »Fühlung eines Engels« mit »einer drängenden Strömung« in Beziehung, welche »Tiefe wirkt und Hindernis«.

Ach aus eines Engels Fühlung falle
Schein in dieses Meer auf einem Mond,
drin mein Herz, stillringende Koralle,
seine jüngsten Zweigungen bewohnt.

Not, mir von unkenntlichem Verüber
zugefügte, bleibt mir ungewiß,
Strömung zögert, Strömung drängt hinüber,
Tiefe wirkt und Hindernis.

Aus dem starren fühllos Alten drehn
sich Geschöpfe, plötzlich auserlesen,
und das ewig Stumme aller Wesen
überstürzt ein dröhnendes Geschehn.

Am Ende der ersten Duineser-Elegie wird das Energiemuster noch ergänzt und erweitert mit dem Bild von der »Ewigen Strömung« zwischen den Bereichen der Toten und der Lebenden.

Engel (sagt man) wüßten oft nicht, ob sie unter Leben-
den gehen oder Toten. Die ewige Strömung reißt
durch beide Bereiche alle Alter immer mit sich und
übertönt sie in beidem.

Für die Beziehungen zwischen den Bereichen der Lebenden und der Toten ist der Dichter besonders sensibilisiert durch den Tod von Freunden, denen er wiederholt ein Requiem dichtet[13] und darüber hinaus durch eigene latente Suizid-Phantasien. Nach den Vorstellungen Rilkes wissen Engel nicht, »ob sie unter Lebenden gehen oder Toten«. Für diese spirituellen Wesen sind die Grenzen zwischen Leben und Tod offensichtlich fließend.
Wir haben inzwischen einige Wesensmerkmale von Engeln kennengelernt, die so in den biblischen oder traditionellen Vorstellungen von Engeln nicht ausgesagt werden. Man beschränkt sich hier überwiegend auf das Wirken der Engel und beschreibt diese an den Reaktionen der Menschen. Rilke dagegen weiß manches Neue über das Wesen der Engel zu sagen. Ich nehme in meiner tiefen-

psychologischen Deutung an, daß Rilke für diese Sicht des Engels sensibilisiert wurde durch die ambivalenten Gefühle der Mutter gegenüber und dem Grauen vor ihr, wovon wir schon gehört haben. Daher erscheint es mir therapeutisch naheliegend, daß er in der Gestaltung seiner spirituellen Symbole Selbstheilung gesucht hat.[14] Dies erklärt nicht vollständig die außergewöhnliche Phantasie eines Dichters und seine energievollen Imaginationen. Die heilende Wirkung seines Engelbildes beschreibt Rilke am Ende der ersten Duineser-Elegie mit den Worten: »Das Leere in jene Schwingung geriet, die uns jetzt hinreißt und tröstet und hilft.«
Schließlich möchte ich noch die genannte Engel-Werdung des Menschen ansprechen und seine spirituelle Wandlung. Einleiten möchte ich diesen Gedanken durch folgendes Gedicht Rilkes:

Nächtens will ich mit dem Engel reden,
ob er meine Augen anerkennt.
Wenn er plötzlich fragte: Schaust du Eden?
Und ich müßte sagen: Eden brennt

Meinen Mund will ich zu ihm erheben,
hart wie einer, welcher nicht begehrt.
Und der Engel spräche: Ahnst du Leben?
Und ich müßte sagen: Leben zehrt

Wenn er jene Freude in mir fände,
die in seinem Geiste ewig wird, –
und er hübe sie in seine Hände,
und ich müßte sagen: Freude irrt

Zum biographischen Kontext dieses Gedichtes wäre anzumerken, daß es Ende September 1914 geschrieben wurde und damit wohl eine persönliche Reaktion auf den Beginn des Ersten Weltkrieges darstellen dürfte. Es mag uns fast kühn erscheinen, wenn der Dichter sich entschließt: »Ich will mit dem Engel reden«. Mit dem Motiv der Augen wird in der zweiten Zeile das innere Sehvermögen angesprochen. Wenn der Engel ihn fragte: »Was siehst du?«, müßte er sagen: »Eden brennt«, womit wohl der begonnene

Weltenbrand des Ersten Weltkrieges gemeint ist. Diese apokalyptische Vision wird in der zweiten Strophe vertieft. Wenn der Engel fragte, welche Ahnungen und Intuition der Dichter vom Leben des Menschen habe, müßte er sagen, daß das Leben durch diesen verdammten Krieg verzehrt werde. Durch den schrecklichen Krieg wird auch jegliche Lebensfreude zerstört. Die tiefsinnige Freude und Wonne, die in anderen Dichtungen von Engeln zum Ausdruck kommt, erweist sich in der Zeit des Krieges als Irrtum.

Nach diesen eher pessimistischen Bildern jetzt einen Text, wie Rilke in seiner dichterischen Imagination das Bild eines Engels erschafft. In einem Brief aus dem Jahre 1903 schreibt Rilke in Anlehnung an den Kampf des Jakob mit seinem Engel von seinem eigenen künstlerischen Ringen: »... Und dann will ich daran bauen mit aller Andacht, die ich in meinen Händen habe, und will von keiner Stelle lassen, solange sie geringer ist als ich selbst, und will jede *zu einem Engel machen* und mich von ihm überwinden lassen und ihn zwingen, daß er mich beuge, obwohl ich ihn gemacht habe«[15].

Rilke will so lange an seinem Werk formen, bis es ihn übertrifft. Der Dichter will seinen Genius-Engel zwingen, daß er ihn beuge und sich von ihm überwinden lassen. Mit derart verschlungenen Sprachbildern führt Rilke uns an die Grenzen des Sagbaren.

Noch ein letztes Gedicht zum Thema Engel. Dazu mache ich den Vorschlag, sich in die Sprachbewegungen des Textes so einzufühlen, wie ich dies auch für den persönlichen Umgang mit Träumen empfehle. Viele Menschen erleben eine derartige Identifikation, wenn sie ein Film besonders anspricht oder ein Theaterstück auf der Bühne persönliche Fragen oder Probleme zur Sprache bringt. Stellen Sie sich also für den Umgang mit dem folgenden Gedicht einmal vor, Sie würden so wie Tobias jetzt mit dem Engel dieses Gedichtes umgehen. Sie würden alle seine Gebärden und Handlungen genau beobachten, wie ein Mensch bei einem anderen geliebten Menschen es versucht. Wenn Sie über das entsprechende Vorstellungsvermögen verfügen, können

Sie sogar noch einen Schritt weitergehen und in die Gestalt des Engels hineinschlüpfen, um zu erfahren und wahrzunehmen, was der Engel in Ihnen bewirken kann.

DER ENGEL

Mit einem Neigen seiner Stirne weist
er weit von sich was einschränkt und verpflichtet;
denn durch sein Herz geht riesig aufgerichtet
das ewig Kommende das kreist.

Die tiefen Himmel stehn ihm voll Gestalten,
und jede kann ihm rufen: komm, erkenn –.
Gieb seinen leichten Händen nichts zu halten
aus deinem Lastenden. Sie kämen denn

bei Nacht zu dir, dich ringender zu prüfen,
und gingen wie Erzürnte durch das Haus
und griffen dich als ob sie dich erschüfen
und brächen dich aus deiner Form heraus.

Wenn ich diesem Gedicht einige Überlegungen zur spirituellen Orientierung folgen lasse, dann entspricht dies zutiefst auch dem Anliegen von Rilke, der selber gerne Arzt, Heiler und Helfer geworden wäre, wie seine Freundin, die Psychoanalytikerin Lou Andreas-Salomé mitteilt[16]. Im übertragenen Sinne ist Rilke auch tatsächlich ein Helfer und Heiler geworden, auch wenn er nicht Mediziner wurde, ein wahrer Seelenarzt, der unzähligen Menschen mit seinen Versen Trost spendet oder als Betroffener und Leidender an die Seite der Ratsuchenden tritt. Rilke erschuf seinen Engel nicht allein als dichterisches oder ästhetisches Kunstwerk, sondern als therapeutisches Symbol, in dem er in seinen Ängsten vor körperlichen Krankheiten und in seiner Todesangst selbst Zuflucht suchte[17]. Verschiedenen biographischen Mitteilungen und Briefen ist zu entnehmen, daß den Dichter seelische Zwänge und zwanghafte Angstvorstellungen im Sinne einer Zwangsneurose[18] außerordentlich quälten. Daher wurden und werden viele Menschen in den Jahrzehnten nach seinem Tode und besonders auch in der Gegenwart mit ähnlichen Ängsten und Symptomen ganz besonders von dem Engel des Dichters angesprochen. Dies schließt natürlich nicht aus, daß Menschen, ohne die genannten Symptome, mit dem Engel des Dichters spirituelle Erfahrungen sammeln können.

Seit vielen Jahren berate ich Menschen mit Ängsten und seelischen Zwängen und begleite sie therapeutisch: es haben sich zur Erschließung der spirituellen Dimension des Engels besonders die aktive Imagination nach C.G. Jung[19] und die Visualisierung des persönlichen Engels als hilfreich erwiesen. Ähnlich wie man sich in Kursen oder Übungen in das Autogene Training, das katathyme Bilderleben nach Leuner einführen lassen kann, ist dies auch für die anderen Verfahren bei Therapeuten und Psychologen möglich. Nach einer Entspannungsphase richtet man bei diesen Übungen seine Aufmerksamkeit und seine Einbildungskraft auf die Erscheinung eines Engels und verfolgt dann, ähnlich wie beim Träumen in der Nacht oder beim Tagtraum, den Verlauf eines inneren Prozesses. Danach kann man diese Visualisierung aufschreiben oder ihr in einem gemalten Bild nochmals eine Gestalt geben.

Diesen schöpferischen Vorgang und den therapeutischen Prozeß wollen wir jetzt in dem genannten Gedicht Rilkes: Der Engel (S. 132) nochmals ein Stück weit nachvollziehen. Der Dichter empfiehlt uns als erstes zur heilenden Begegnung mit dem Engel, wie dieser in Demut die Stirne zu neigen. Dies ist sicherlich nicht moralisch zu verstehen, denn der Engel des Dichters schränkt nicht ein und legt uns keine neuen Pflichten auf. Trotz der Demutsgebärde richtet der Engel uns auf und tritt in das kreisende Energiefeld unseres Herzens ein. Der Engel des Dichters erscheint besonders in der Nacht, wenn die Gedanken ruhen, daß Ich ausgeschaltet ist und die Seele in den »tiefen Himmel« wandert. Es ist nicht der hohe oder heilige Himmel, sondern die Tiefe des Unbewußten, aus der der Anruf kommt: »Komm, erkenn!« Diese Selbsterkenntnis wird im Verlaufe des Gedichtes als ein

Ringen beschrieben. Offensichtlich hat Rilke dieses Sprachbild aus der biblischen Geschichte entlehnt, in der von dem Ringen des Jakob mit seinem Engel die Rede ist, und er diesem schließlich den Segen abgerungen hat.[20]

Die weiteren Zeilen beschreiben, wie die vielen Gestalten aus dem tiefen Himmel, sprich dem Unbewußten, wie Erzürnte durch das Haus der Seele gehen und einen ergreifen. Mit dem Erzürnen ist hier jene starke Dynamik gemeint, die uns gelegentlich nachts in den Träumen erschrecken kann und als angstvoll empfunden wird. Diese Aussage steht in engem Zusammenhang mit dem weiteren Sprachbild, daß »jeder Engel schrecklich sei« – in dem Sinne, daß er erschreckt. Bei therapeutischen Erfahrungen bedarf es oftmals einer solchen persönlichen Erschütterung, um aus der erstarrten Form oder dem neurotischen Lebensmuster herausgebrochen zu werden. Ähnlich wie wir uns bei der Geburt aus der Einheit mit der Mutter herauslösen, so müssen wir aus den veralteten Lebensmustern oder den Charakterpanzerungen in der seelischen Wiedergeburt und in der existentiellen Wandlung mit Hilfe des Engels »herausgebrochen« werden, ähnlich wie es der Dichter beschreibt.

Zum Abschluß meines sicherlich viel zu kurzen Exkurses über den Engel in der Lyrik von Rilke möchte ich auf eine ausführliche Untersuchung Heinrich Imhofs zum Gottesbild des Dichters hinweisen[21]. Der Autor bezieht sich in seiner tiefenpsychologischen Deutung des Gottesbildes ausdrücklich auf die analytische Psychologie C.G. Jungs, die ja auch den theoretischen Hintergrund aller meiner Ausführungen bildet. Imhof möchte den Leser zu »jener innermenschlichen Stelle führen, wo die eigentliche dichterische Schöpfung sich vollzog« ... »In dieser neuartigen Beleuchtung wird der innere Weg eines Dichters sichtbar ...«[22]. Im letzten Kapitel über die Verwandlung des »Gottes« kommt der Autor auf den »Engel« zu sprechen, der nach Rilke im Diesseits wie im Jenseits Heimatrecht genießt und aus beiden Bereichen »unerschöpflich genährt wird«. Aus der Identifikation des Menschen mit dem Engel folgt nach Rilke: »Wir müssen versuchen, das größeste Bewußtsein unseres Daseins zu leisten, das in beiden unabgegrenzten Bereichen zu Hause ist, aus beiden unerschöpflich genährt. … Die wahre Lebensgestalt reicht durch beide Gebiete, das Blut des größesten Kreislaufs treibt durch beide: es gibt weder ein Diesseits noch Jenseits, sondern die große Einheit, in der die uns übertreffenden Wesen, die ›Engel‹, zu Hause sind.«[23]

Imhof macht darauf aufmerksam, daß Rilke den »Engel« hier in Anführungszeichen setzt, um ihn von der christlichen und traditionellen Vorstellung abzugrenzen. Mit der Zusammenfassung Imhofs zum »Engel« bei Rilke, möchte ich meinen Exkurs abschließen: »Rilke meint mit dem ›Engel‹ nämlich jenes ›größeste Bewußtsein‹, von dem er im gleichen Text spricht und das ›wir‹ zu leisten hätten, wie Rilke sagt.«[24] Aber weil der Dichter nicht daran glauben kann, diese hohe Bewußtheit zu erreichen, macht er sie zu einem fernen Leitbild und personifiziert sie in einer das Menschliche übersteigenden und dem Menschen unerreichbaren Figur, eben im »Engel«.

Im Text ist also der »Engel« eine Figur, die sowohl im »Leben«, in der Bewußtseinswelt, als auch im »Tod«, in der Welt des Unbewußten, zu Hause ist. Daß mit dem »Tod«, von dem Rilke spricht, wiederum die archaische, pseudohistorische Welt des Unbewußten gemeint ist, brauche ich kaum eigens zu betonen. Eben deswegen ist ja diesem »Tod«, das heißt, dem Unbewußten auch nur mit dem »größesten Bewußtsein« beizukommen, und deshalb behauptet Rilke auch, daß unser Leben aus »beiden unabgegrenzten Bereichen unerschöpflich genährt« werden müsse, aus dem Bewußtsein nämlich und aus dem Unbewußten.

Für die persönliche Arbeit zur Selbsterkenntnis und zur Selbstverwirklichung erscheint es mir wichtig, daß Sie bei Ihren Vorstellungen von Engeln sich überlegen, wie darin auch Aspekte Ihrer verinnerlichten Elternbilder und vielleicht sogar Ihr Gottesbild prägend eingegangen sind. Ich erwähne diese Zusammenhänge hier deswegen, weil ich bei Rilke auf die ambivalente

Mutterbeziehung hingewiesen habe und deren Einwirkung auf das vom Dichter geschaffene Bild des Engels. Übertragen wir z.B. derartige Erfahrungen mit den Eltern oder die religiösen Vorstellungen und Werte auf unser Bild vom Engel, dann könnten wir bei überwiegend negativen Erfahrungen und angstmachenden Vorstellungen vielleicht ähnlich wie der Dichter sagen: »jeder Engel ist schrecklich!« Wenn uns dagegen bewußt und klar wird, daß ein Engel darüber hinaus auch noch andere geistige Kräfte und spirituelle Energien repräsentiert, dann können bisher nicht wahrgenommene Heilkräfte und Hoffnungen in unserer Seele wieder zum Fließen kommen.

Als letzte Anregung für den persönlichen Umgang mit einem Engel, möchte ich nochmals die Zeile aus dem schon zitierten Gedicht erwähnen: »Nächtens will ich mit dem Engel reden.« Für den Dichter und für einige Menschen, die ich persönlich kenne, ist die Nacht eine ganz besondere Zeit, um mit den Engeln zu reden. Ähnlich wie nachts eine Zeit zum Träumen ist, weil das Ich zur Ruhe kommt und seine Herrschaft an das Selbst abgibt, so ist die Nacht auch günstig für die Erscheinung eines Engels im Traum. Als Beispiel dafür erinnere ich an den Traum des Jakob und an meinen persönlichen Traum vom Bruder-Engel. Nachts mit dem Engel zu reden, möchte ich insbesondere all jenen empfehlen, die sich manchmal schlaflos in ihren Betten wälzen oder gar unter Schlafstörungen leiden. Sie mögen in solchen schlaflosen Stunden der Nacht ihre Gedanken auf einen Engel richten und um seinen Schutz und seinen Frieden bitten. Ich weiß natürlich auch, daß viele Menschen in den schlaflosen Stunden der Nacht erst recht ihre Probleme wälzen und sich immer mehr in ihre Nöte hineinsteigern. Wenn Sie dessen endlich überdrüssig geworden sein sollten, mögen Sie es einmal ausprobieren Ihre Gedanken und Vorstellungen »engelwärts« zu lenken. Ich wandle damit das Sprachbild von Rose Ausländer ab, die empfiehlt, die Schritte engelwärts zu lenken. Wie man das ganz praktisch machen kann, werden Sie jetzt vielleicht fragen? Ich will es abschließend am Beispiel eines 35jährigen Lehrers deutlichmachen, der für einige Wochen in der Klinik sein mußte und in den schmerzerfüllten Stunden der Nacht angefangen hat, mit seinem Engel zu reden. Durch ihn habe ich das folgende Engel-Gebet von Werner Bergengruen kennengelernt, das der Patient in dieser Zeit auswendig gelernt hatte. Immer, wenn er nicht schlafen konnte, sprach er mehrmals ganz langsam in der Stille für sich die Zeilen, bis er wieder einschlafen konnte.

Bruder Engel, jede Nacht,
eh mich noch Dämonen fingen,
haben, Hüter, deine Schwingen
Morgenröten angefacht.

Hast mich nie allein gelassen,
hast mir Blick und Hand geführt
in Entzückung und Gefahr.
Immer hab ich dich gespürt,
auch wo, deine Hand zu fassen,
meine Hand zu kraftlos war.

Hast mich brüderlich getragen
quer durch rotes Höllenland,
hast an schroffer Felsenwand
Stufen mir herausgeschlagen,
Strick und Kugeln abgewehrt,
Mauern meinem Gang gespalten,
und wie oft ich dich beschwert,
immer mir die Treu gehalten,
unbedankt und ungegrüßt.
Engel, sei du mein Geleit,
alle Straßen dämmern wüst.
Engel, reiß mich aus der Zeit.

Engel, führ mich, wie es sei,
einmal noch. Dann bist du frei.

Nimm von meiner Brust den Stein.
Laß mich, Engel, nicht allein.

Wie der Schutzengel uns um die Ecke bringt

Wenn ich in meinen Traum-Seminaren oder in einer Therapie den Menschen etwas über die außergewöhnlichen Seins-Qualitäten von Raum und Zeit im seelischen Erlebnisfeld erzählen möchte, dann verwende ich gerne die Redensart: »Mit der Seele können wir um die Ecke gucken«. Ich meine damit die außergewöhnliche Ausdehnung der Psyche, die auch in jene Bereiche Einsicht nehmen kann, die für unsere normalen Augen und den durchschnittlichen Verstand verborgen sind.

Als ich nun für die Beschreibung des Schutzengels eine außergewöhnliche Formulierung suchte, knüpfte ich in meiner Imagination an die paranormalen Fähigkeiten der Seele an und kam auf die Formel: Wie der Schutzengel uns um die Ecke bringt. Ich will mit dieser zunächst befremdlich klingenden Formulierung sagen, daß wir durch die Begleitung des Schutzengels außergewöhnliche Erfahrungen machen können. Auf das Symbol der Ecke wurde ich durch die Erscheinung meines Engels aufmerksam, von dem ich in meinem persönlichen Bruder-Engel-Traum erzählt habe. Mein Engel erschien in der Ecke oder dem Winkel zwischen der horizontalen Decke und der vertikalen Seitenwand.

Schließlich möchte ich noch erwähnen, daß die Redensart »Jemanden um die Ecke bringen« gleichbedeutend ist mit »Jemanden töten«. Wenn wir diese Redewendung symbolisch deuten, dann bedeutet sie für mich in diesem Zusammenhang, das alte Ich um die Ecke bringen, damit das Selbst zum Zuge kommen kann. Solange die vorherrschende Logik und das Ich wie ein mächtiger

Burgturm uns beherrschen, haben bei vielen Menschen selbst die Engel keine Chance zu erscheinen. Viele Menschen verhindern das Erscheinen und die Wirkung ihrer Engelkräfte durch die Übermacht des Verstandes und die Vorherrschaft des Ich.
Ich habe in meinem Leben verschiedene Tode des Ich und des »alten Menschen« erlebt. Ein Beispiel erzähle ich im Kapitel über den Todesengel, wie ich mich als gestorben identifizieren sollte (siehe Seite 153). Während ich mich in letzter Zeit intensiv mit den Engeln beschäftigte und an diesem Buch arbeitete, hatte ich wieder einen merkwürdigen Traum, daß ich ein Opfer darbringen solle. Dazu stand mir im Traum das geheimnisvolle Wort »Korban« vor Augen. Damit erwachte ich. Als ich am nächsten Tage in einem hebräischen Lexikon nachschlug, fand ich dazu die Bedeutung: Darbringung, Opfergabe. Das Verb, das zu diesem Begriff gehört, hat die Bedeutung: nahesein, sich nähern, besonders auch darbringen[1]. Setze ich diese Bedeutungen zu der erwähnten Redensart »Jemanden um die Ecke bringen« in Beziehung, dann gewinnt die Darbringung des Ich letztlich die Bedeutung einer Beendigung der Ich-Herrschaft. Nach einem solchen psychodynamischen Prozeß der Darbringung kann das Selbst in die Mitte der Person und in das innerste Zentrum des Menschen rücken. Obwohl sich sprachliche Zusammenhänge dieses Wortfeldes mit dem speziellen Engel-Wort Cherub herstellen ließen[2], will ich diese Spur nicht weiter verfolgen, sondern einen Erfahrungsbericht wiedergeben, der mir in die Hände fiel, als ich mich mit dieser Redensart befaßte.

»Ich möchte Ihnen von einer Erfahrung erzählen, die ich während meiner Gallenblasenoperation, also unter Narkose, hatte. Damals war ich auf einmal in einer goldenen, hellen Umgebung, wo alles gut war. Und nicht nur gut, es war einfach wundervoll, bis zur Ekstase. Ich sah nichts und niemand, nur Licht, aber ich wußte, daß alle da waren, alle, die ich liebhabe und gerne um mich sehe.
Nachdem ich einige Zeit (ja, wie lange dauert so etwas?) in diesem Licht gewesen war, hörte ich auf einmal eine Stimme, die mir sagte, daß ich zurück müsse. ›Oh no‹, rief ich aus. (Warum auf Englisch; weil ich eigentlich recht viel auf Englisch denke und lese). Ich

wehrte mich ziemlich dagegen, da ich nicht mehr zur Erde zurückkehren wollte. Ich sah mein Leben und eigentlich das ganze irdische Leben als einen beschwerlichen, dunkelgrauen Brei – in dem wir als Treibsand festsitzen – in einem winzigen Moment vorbeiziehen und wollte da bleiben, wo ich war.
Aber ich mußte gehen. Ich bekam zu hören, daß ich noch eine Aufgabe zu erfüllen hätte. Witzig, nicht? Witzig insofern, als ich eigentlich gar nicht jemand war, der so über das Leben dachte. Ich und eine Aufgabe erfüllen?
Jedenfalls ging ich dann. Und wie ging ich? Um die Ecke. Wirklich, obwohl um mich nur strahlend goldenes Licht war, sah ich auf einmal eine dunkle Ecke, um die ich herumging, und dann ging es tiefer und tiefer, es wurde immer dunkler; und schließlich hörte ich die Stimme des Chirurgen, der mich beim Namen rief.
Das ist alles, aber ich konnte es nicht so einfach vergessen. Ich habe eigentlich ein gutes Jahr Schwierigkeiten damit gehabt, mich hier wieder richtig zu Hause zu fühlen und bei allem mitzumachen. Ich wollte wieder dort sein, wo ich zuvor gewesen war.«[3]

Ich möchte jetzt der Frage nachgehen, wie wir Erfahrungen mit unserem Schutzengel sammeln können? In einer therapeutischen Selbsterfahrungsgruppe wurden auf meine Anfrage nach der persönlichen Bedeutung des Schutzengels spontan folgende Antworten gegeben:

Der Schutzengel:

- Er behütet auf dem Wege
- Er stärkt den Rücken
- Er hält Böses von einem fern
- Er wirkt in den glücklichen Zufällen
- Durch ihn fügen sich die Dinge
- Er erscheint in Grenzsituationen
- Durch ihn empfange ich Impulse zu guten Taten
- Er ist der Zwillingsbruder der Seele
- Er ist mein persönlicher Schutzpatron
- Durch ihn werde ich manchmal gewarnt
- Er ist für mich eine höhere Intelligenz

- Er spricht zu mir durch die innere Stimme
- Er ist das spirituelle Urbild meiner Seele
- Durch mein Ahnungsvermögen nehme ich ihn wahr
- Er ist meine spirituelle Anima/Animus
- Ich empfinde ihn als meinen inneren Geliebten
- Er schickt mir Lebensweisheiten aus der rechten Gehirnhälfte
- Er inspiriert meine Einbildungskraft
- Durch ihn werden heilende Energien wirksam
- Durch ihn empfange ich den rettenden Einfall

Bevor Sie weiterlesen, unterbreite ich Ihnen folgende Anregung: Bitte streichen Sie spontan einige Antworten an, die Ihrer Vorstellung vom Schutzengel entsprechen oder zumindest nahekommen. Vielleicht finden Sie auch selber eine eigene Antwort und fügen Sie diesem Katalog hinzu. Wenn wir die hier ausgewählten Einfälle noch etwas auf uns wirken lassen, könnte vermutlich jeder zu dem einen oder anderen Ausspruch positive oder negative Beispiele aus seinem Leben bringen. Diese Aufzählung erhebt keineswegs den Anspruch der Vollständigkeit.
In der Gruppe haben wir mit dieser Aufzählung so weitergearbeitet, daß wir zunächst über die Wirkungen und Funktionen des Schutzengels gesprochen haben. Dabei leiteten uns die Verben in den verschiedenen Aussprüchen: behüten, stärken, fügen, sprechen, inspirieren etc. In einem zweiten Gesprächsgang haben wir mehr die tiefenpsychologischen Aspekte und die therapeutischen Wirkungen des Schutzengels in den Mittelpunkt gestellt. Besonders eindrucksvoll war, daß eine Frau in der Lebensmitte ihren Schutzengel als ihren inneren Geliebten empfand. Nach mehreren gescheiterten Liebesbeziehungen und einer aufgelösten Ehe erfahre sie in ihren Imaginationen über ihren vorgestellten Engel jetzt so etwas wie zärtliche Liebesgefühle. Wenn diese weiterhin wachsen, hoffe sie eines Tages wieder einen Partner lieben zu können.
Ein Mann erzählte in der Gruppe, daß sein Engel ihn inspiriere und seine Einbildungskraft fördere. In früheren Jahren sei er ein

phantasieloser Mensch gewesen. Als Techniker in einem Industriebetrieb war er so sehr dem naturwissenschaftlichen Denken verhaftet, daß er seine innere Vorstellungswelt und seine Seele nahezu ganz vernachlässigt habe. Erst durch einen Nervenzusammenbruch und eine spirituelle Lebenskrise sei er auf seine innere Welt aufmerksam geworden.

Eine junge Frau von Mitte 20 erzählte, daß sie durch die Meditationen gelernt habe, auf die innere Stimme zu hören. In wichtigen Lebensfragen und Entscheidungen bittet sie ihren Engel, daß ihr die richtigen Gedanken geschenkt werden.

Schließlich möchte ich noch einige Sätze von einem 65jährigen Lehrer wiedergeben, der sich in seiner Analyse und Therapie längere Zeit mit seiner Anima, also mit seinem inneren Seelenbild, auseinandergesetzt hat. Durch diese persönliche Seelenarbeit habe er so etwas wie eine neue Spiritualität entdeckt, die seinem Leben einen geistigen Sinn gebe. Für ihn ist der Schutzengel identisch mit seiner spirituellen Anima, die ihn inspiriere und zu Gott hinführe.

Zu den heilenden Energien, die von einem Schutzengel ausgehen können, möchte ich einen Kollegen zu Wort kommen lassen[4]. Er berichtete aus seiner therapeutischen Praxis von einer suizidalen Patientin, die seit Wochen von den Gedanken an Selbstmord gequält wurde. Sie war wie besessen von Phantasien, sich das Leben nehmen zu müssen. Verstärkt wurden die Suizid-Gedanken dadurch, daß diese Frau sich konkrete Maßnahmen und Schritte überlegte, wie sie auf sicherste Weise ihr Leben beenden könne, weil die Ängste und Spannungen unerträglich geworden waren. Unerwartet träumte sie dann eines Tages von der Erscheinung eines Engels, der ihr ein neues, bisher nicht gekanntes positives Lebensgefühl vermittelte. Mit dem Engel waren für sie auf geheimnisvolle Weise dann spontan die Selbstmordgedanken wie weggeblasen. Die spirituellen Energien des Schutzengels haben bewirkt, daß der Teufelskreis der Selbstzerstörung endlich durchbrochen wurde und das Leben einen neuen Anfang nehmen konnte. Anstatt sich im negativen Sinne das Leben zu nehmen, wie wir in der Redensart sagen, verhalf ihr die Erscheinung des Schutzengels dazu, sich in positiver Weise das ihr zustehende Leben zu nehmen.

Der persönliche Schutzengel kann auf vielfältige Weise bewahrend und schützend auf das Leben der Menschen einwirken. Häufig bedient er sich dazu unserer Träume und lenkt dadurch die Gedanken und das Bewußtsein in eine neue und positive Richtung[5]. Besonders eindrucksvoll ist, wenn der Schutzengel durch einen anderen Menschen in unser Leben einwirkt, wie es eine Frau in dem Kapitel über die Engel-Karten bezeugt (vgl. S. 181). Besonders geheimnisvoll und merk-würdig ist es, wenn der Engel durch Kinder eine Botschaft über Angehörige vermittelt oder ein Kind den gerade geplanten Suizid der Mutter träumt, aufwacht und zur Mutter eilt, um sie daran zu hindern. Dazu berichtet C.G. Jung in seinem Kindertraum-Seminar[6] folgende Fälle:

»Ich habe in meiner Traumsammlung einen Fall, in welchem ein Kind zwischen drei und vier Jahren träumt, daß zwei Engel kommen, etwas von der Erde aufheben und in den Himmel hinaufbefördern. – In der gleichen Nacht stirbt ein kleines Geschwister dieses Kindes. Ein anderes Kind träumt, daß die Mutter sich suizidieren will. Es läuft schreiend ins Zimmer der Mutter, die schon wach ist; sie ist eben daran, Suizid zu begehen.«

Jung fügt dann folgende Überlegungen zu diesen eindrucksvollen Beispielen an:

»So können wichtige psychische Ereignisse der Umgebung wahrgenommen werden. Auch Stimmungen, Geheimnisse können durchaus bewußt gewittert werden. Man weiß in solchen Fällen gar nicht, wie das Unbewußte dazu kommt, so etwas aufzunehmen.«[7]

Auch wenn Jung als Wissenschaftler kritisch fragt, wie derartige Wahrnehmungen und Warnungen durch das Unbewußte zustande kommen, können wir im Glauben an Schutzengel sagen, daß diese in solchen kritischen Lebenssituationen eingreifen können.

Nach unseren eindrucksvollen Beispielen könnte sich jetzt mancher nachdenkliche Zeitgenosse fragen, ob denn wohl jeder Mensch einen Schutzengel habe? Diese Frage ist nicht allgemein mit ja oder nein zu beantworten, sondern kann nur von jedem persönlich aufgrund eigener Erfahrungen und Überzeugungen beantwortet werden. Ich persönlich bin von der Anwesenheit und von der Wirksamkeit des Schutzengels überzeugt. Ich empfinde auch Legenden und Vorstellungen als sinnvoll, daß jedem Menschen von Geburt an zwei Engel mitgegeben sind, ein guter, der ihn bewahre und zum Guten führe, und ein böser, der ihn versuche und mit List vom rechten Weg abbringen will. So steht der Mensch zeit seines Lebens in der Spannung zwischen Gut und Böse, zwischen Engel und Satan.

Obwohl es nicht direkt zu unserem Thema gehört, möchte ich abschließend doch noch mit einem Seitenblick auf die heilige Ikone als einem Urbild für die persönliche Spiritualität zu sprechen kommen. Für die griechisch-orthodoxen Christen sowie für die russischen und östlichen Christen ist ein Glaubensleben ohne Ikone nicht denkbar. Die Ikone ist für diese Gläubigen eine stete Begleiterin, eine Bewahrerin und eine Fürbitterin. In diesem Sinne können wir die Ikone auch in die Nähe des Schutzengels rücken. Wir hören das Zeugnis von Wladimir Lindenberg, wie er durch seine Ikone bei seinem medizinischen Staatsexamen eine Hilfe empfangen hat. Er erzählt:

»Mir blieb die Ikone mein Leben lang treu, und ich blieb ihr treu. Ganz selbstverständlich trug ich auf meiner Brust das Kreuz sowie Medaillons von Heiligen. Auf Reisen ließ ich mich von einer Ikone begleiten, und im Studium und bei allen wichtigen Angelegenheiten des Daseins hätte ich niemals auf die Nähe einer Ikone verzichtet. Als ich ins Staatsexamen ging, steckte ich eine kleine kupferne Ikone der Muttergottes in meine Innentasche und bat sie, mit dabei zu sein, mir Mut zu geben, mir Ruhe zu geben, mir die Gegenwart des Geistes zu geben und mir die Gewogenheit meiner Prüfer zu schenken. Natürlich hatte ich mich für das Examen gut und ordentlich vorbereitet, ich hatte mein Pensum gelernt, niemals auf den Schlaf verzichtet. Vor dem Examen dann gab ich mich dem gnädigen Schicksal hin, und so ging ich in die Prüfung... Ich bekam eine gute Note. Das erste, was ich machte, als ich den Saal verlassen hatte, war, die Ikone zu küssen. Voller Dankbarkeit.«

Beate Heinen: Schutzengel, 1984

Ich weiß vom Engel:
Der Engel weiß von mir.

Der Schutzengel gibt Geborgenheit

Der Schutzengel von Beate Heinen gibt dem einsamen Mädchen auf der Straße Geborgenheit und Schutz. Auf dem farbigen Bild trägt das Mädchen einen roten Rock und zieht damit die Blicke auf sich. Ganz alleine geht das Kind mitten auf der Straße. Die weit geöffneten Augen scheinen eine Entsprechung zu den vielen dunklen Fensterhöhlen zu sein, aus denen keiner nach dem Kind sieht. Nur der volle Mond hüllt mit seinem milden Licht das Kind ein. Seine Strahlen erscheinen wie ein Schleier, fast wie das durchsichtige Gewand eines Engels. Sein Licht füllt die ganze Straße aus, so daß dem Kind von hinten nichts Dunkles oder Böses folgen kann. Für die weiteren Schritte nach vorne fällt das Licht des Vollmondes gebündelt auf die Mitte des Weges. Dennoch wirkt das Kind ängstlich und setzt seinen Fuß zögernd und tastend nach vorne. Wie mutig und hingebungsvoll schreitet dagegen Tobias auf unserem Titelbild aus, weil er den Engel sieht und als Begleiter zur Seite hat. Vielleicht hat dieses Kind auf dem nebenstehenden Bild noch nichts von seinem Schutzengel gehört. Welche aufgeklärten Eltern oder überwiegend rational und wissenschaftlich denkenden Erzieherinnen oder Lehrer vermitteln den Kindern noch eine Anschauung von Engeln, geschweige denn, daß sie die Kinder begleiten, ihre Schritte engelwärts zu lenken?

Schauen wir nochmals auf das Bild und entdecken weitere Details. Fast krampfhaft hält das Kind sich an seinem Häschen fest. Wir sehen eine Straße ohne Bäume und Blumen, nur das Grün der Fassaden auf dem farbigen Bild weckt eine dunkle Ahnung oder eine Erinnerung an bunte Wiesen und die grüne Natur. Während ich dieses Bild auf mich wirken ließ, überlegte ich mir, was ich dem Kind sagen könnte, wenn ich es so mutterseelenallein auf der Straße treffen würde. Schließlich kam mir der Satz »Im milden Licht des Mondes kannst Du Dich

geborgen fühlen!« in den Sinn. Vielleicht überlegen auch Sie, was Sie in einer entsprechenden Situation einem ängstlichen und einsamen Kind sagen könnten.
Nach meinem Empfinden hat die Künstlerin mit diesem Bild eine ganz aktuelle Situation unserer Zeit dargestellt. Wie viele »Schlüsselkinder« sind täglich alleine in den Straßen unterwegs! Es gibt bei uns zwar viele Häuser und zum großen Teil gute und saubere Straßen, aber es gibt noch immer zu wenig Menschen, die ein Herz für Kinder haben. Auch wissen wir um die vielen einsamen Erwachsenen und alten Menschen in unserem Land. Damit sie alle und vielleicht auch Sie persönlich nicht mehr so einsam oder betrübt sein müssen, mache ich Sie auf die Bedeutung des Schutzengels auch in unserer Zeit aufmerksam. Genauso wichtig wie der Schutz des Menschen durch die Menschenrechte ist, so ernst sollten wir auch die Sehnsucht nach Geborgenheit, Gemeinschaft und Liebe nehmen. Aufgrund dieser nur kurz analysierten Situation mögen Sie sich an die Engel erinnern, vielleicht sogar auch wieder an den Schutzengel Ihrer Kindheit.
Zur therapeutischen Wirkung des Schutzengels erzählte mir eine Kollegin von der Behandlung eines vierjährigen Mädchens, das sich infolge ihrer Autoaggression (Selbstzerstörung) immer wieder die Haut aufkratzte und selbstzerstörerisch mit sich umging. Obwohl die Eltern und die Therapeutin sich sehr um das Kind bemühten, erlebte es immer wieder Niederlagen, weil die aggressiven Impulse stärker waren als der gute Wille. Eines Tages jedoch berichtete das Mädchen voller Stolz: »Jetzt muß ich es nicht mehr tun! Mein Schutzengel hat mir geholfen!«

Affirmation für Kinder:
– Mein Schutzengel hilft mir, gesund zu werden und das Gute zu tun!
Affirmation für Erwachsene:
– Ich will nicht schneller Auto fahren als mein Schutzengel fliegen kann!

Der Todesengel

Im Umkreis des Todes gibt es bei Sterbeerlebnissen und verschiedenen Erscheinungen von Verstorbenen geheimnisvolle Erfahrungen und ein ganz besonderes spirituelles Energiefeld, mit dem wir uns hier befassen wollen. Es handelt sich um Energien und Schwingungen, die oftmals in bildhaften Erscheinungsformen wahrgenommen und gesehen werden. Diese Lichterscheinungen oder spirituelle Gestalten möchte ich hier den Engel des Todes nennen oder einfach den Todesengel. Im folgenden werde ich vier Aspekte oder Funktionen dieses Engels beschreiben, die mir durch meine therapeutische Arbeit und tiefenpsychologische Forschung wichtig geworden sind. Ich will sie zunächst stichwortartig nennen und dann mit Beispielen ausführlicher beschreiben. Zuerst möchte ich von Erscheinungen des Todesengels bei lebensgefährlichen Unfällen oder bei kritischen Operationen sprechen; dann von den Aufträgen und Botschaften des Todesengels bei symbolischen Todesträumen im Sinne der persönlichen Wandlung und des ewigen Stirb und Werde. Ein weiterer, sehr hoffnungsvoller und tröstlicher Aspekt ist die Begleitung durch den Todesengel im unmittelbaren Prozeß des Sterbens. Ein letzter Aspekt schließlich begegnet uns in den verschiedenen Erscheinungsformen von Verstorbenen und ihrer Botschaft. Einige therapeutische Überlegungen werden das Gesagte abschließen.

Ich wurde auf das Phänomen des Todesengels und sein Erscheinen in den Träumen erstmalig vor 15 Jahren aufmerksam, als mich

ein 70jähriger Mann nach einem Vortrag über Träume nach der persönlichen Bedeutung eines merkwürdigen Traumes fragte. Anläßlich einer lebensgefährlichen Herzoperation hatte er während des Erwachens aus der Narkose eine Traumvision von einer lichten Gestalt, die an seinem Kopfende stand. Sie vermittelte ihm die Botschaft und das Gefühl: »Ich werde leben! Ich werde wieder gesund!« Diese Erscheinung und vor allem die positive Stimmung, die damit verbunden war, mobilisierte außergewöhnliche Heilungskräfte zur Genesung, so daß der Heilungsprozeß nach Beobachtung der Ärzte weit überdurchschnittlich verlief. Für den Träumer waren diese Heilungskräfte unlöslich mit dem Erscheinen der Gestalt zu seinen Häupten verbunden. Obwohl dieses Ereignis inzwischen 25 Jahre zurücklag, wurde der Mann in seinen Gedanken und Phantasien immer wieder an diesen Traum erinnert. Als einfacher Mann hatte er sich bisher weder mit Märchen noch mit Träumen befaßt. Seit 25 Jahren suchte er jedoch nach einer Deutung dieses unvergeßlichen Erlebnisses. Ich verwies den Mann damals auf das Grimmsche Märchen »Der Gevatter Tod«, in welchem die Erscheinung des Lichtwesens am Kopfende bedeutet, daß dieser Kranke wieder genesen wird, während die Erscheinung am Fußende sagen will, du mußt gehen und sterben. Seitdem begleitet mich dieses Märchen, und wir haben uns in einem Gesprächskreis über Märchen dazu viele Gedanken gemacht, die schließlich in meiner tiefenpsychologischen Deutung eine weitere Gestalt angenommen haben[1].
Die bereits angesprochenen Erkennungszeichen oder Anzeichen des Lebens oder des Todes durch das Erscheinen des Todesboten am Kopfende oder zu Füßen lauten in der anschaulichen Sprache des Märchens:

»Wenn du zu einem Kranken gerufen wirst, so will ich dir jedesmal erscheinen: steh ich zu Häupten des Kranken, so kannst du keck sprechen, du wolltest ihn wieder gesund machen, und gibst du ihm dann von jenem Kraut ein, so wird er genesen; steh ich aber zu

Füßen des Kranken, so ist er mein, und du mußt sagen, alle Hilfe sei umsonst und kein Arzt in der Welt könne ihn retten. Aber hüte dich, daß du das Kraut nicht gegen meinen Willen gebrauchst, es könnte dir schlimm ergehen.«

Offensichtlich hatte der intuitiv besonders begabte Arzt im Märchen so etwas wie ein zweites Gesicht oder ein drittes Auge, mit denen er den Standort des Todes oder das Erscheinen des Todesengels wahrnehmen konnte. Am Ende des Märchens wird erzählt, wie dieser Arzt schließlich selber in die Hand des Todes gerät. So wäre es mir persönlich um Haaresbreite bei einem Lawinenunglück an der Eiger Nordwand im Jahre 1984 ergangen. Ich hatte mich mit diesem Märchen nach Grindelwald begeben, um in der Abgeschiedenheit der Berge an meiner tiefenpsychologischen Deutung zu schreiben. Als ich in jenen Tagen mit der Bergbahn zur kleinen Scheidegg hinauffuhr, überkam mich ein seltsames Gefühl der Beklemmung und Verängstigung. Ich erklärte es mir zunächst so, daß sich durch die Vertiefung in dieses Märchen verborgene Todesängste aus meiner Kindheit, während der Flucht im März 1945, wiederbeleben würden. Aber meine Unruhe wollte durch diese Erklärung nicht weichen. Irgend etwas lag in der Luft. Ich wußte nur noch nicht, was. Ich überlegte auch, ob ich aussteigen und an diesem Tage etwas anderes unternehmen sollte. Schließlich blieb ich doch sitzen und war entschlossen, sogar bis zum Jungfraujoch zu fahren. Als wir gerade in einen der Tunnel eingefahren waren, gab es eine gewaltige Erschütterung und die Bahn blieb stehen. Nachdem wir zu Fuß bis zur kleinen Scheidegg hinaufgegangen waren, sahen wir dort zahlreiche Rettungshubschrauber im Einsatz und erfuhren, daß eine Lawine niedergegangen war, gerade, als wir in den sicheren Tunnel eingefahren waren. Wenige Minuten früher hätte sie uns erwischt und etwa 80 bis 100 Menschen unter sich begraben. Die Betroffenheit über die Nähe des Todesengels versuchte ich damals, ein Stück weit damit zu verarbeiten, daß ich den genannten Kommentar zu diesem Märchen schrieb. Aus tiefer Dankbarkeit für das Überleben faßte ich damals auch den Entschluß, in den folgenden Jahren meine gesammelten Träume und Bilder vom Tod in einem weiteren Buch zu bearbeiten[2]. In den folgenden Jahren erfuhr ich in zahlreichen Gesprächen mit anderen Menschen von ähnlichen Erfahrungen im Umkreis des Todes. Durch den persönlichen Weg war ich besonders sensibilisiert für die Sterbeerlebnisse und Todeserfahrungen, die E. Kübler-Ross, R. Moody und viele andere veröffentlichten[3]. Moody hat seine eindrucksvollen Fallbeispiele in folgende Kategorien unterteilt:

1. Todeserfahrungen von Menschen, die von Ärzten als klinisch tot erklärt und reanimiert wurden.
2. Menschen, die bei Unfällen oder Erkrankungen dem Tode sehr nahe waren.
3. Erfahrungen von Ohrenzeugen, denen von Erlebnissen beim Sterben erzählt wurde.

Aus 150 Fallbeispielen faßt Moody die Bedeutung und die Erscheinungsweise eines Lichtwesens schließlich wie folgt zusammen:

»Wohl das erstaunlichste in den von mir durchgearbeiteten Berichten wiederkehrende Element und mit Sicherheit dasjenige, das auf den einzelnen die tiefste Wirkung ausübt, ist die Begegnung mit einem sehr hellen Licht. Bei seinem ersten Auftreten ist es in der Regel matt, worauf es seine Helligkeit jedoch sehr rasch bis zu überirdischer Leuchtkraft steigert. Trotz der unbeschreiblichen Helligkeit dieses Lichtes (das gewöhnlich als ›weiß‹ oder ›klar‹ bezeichnet wird), greift es die Augen in keiner Weise an, wie viele eigens betonen; es blendet nicht, noch hindert es daran, andere Dinge in der Umgebung wahrzunehmen (vielleicht deshalb, weil die Betroffenen zu diesem Zeitpunkt keine physischen ›Augen‹ mehr haben, die geblendet werden könnten). Ungeachtet seiner ungewöhnlichen Erscheinungsform hat keiner der Beteiligten auch nur den leisesten Zweifel daran geäußert, daß dieses Licht ein lebendes Wesen sei, ein Lichtwesen.

Und nicht nur das: es hat personalen Charakter und besitzt unverkennbar persönliches Gepräge. Unbeschreibliche Liebe und Wärme strömen dem Sterbenden von diesem Wesen her zu. Er fühlt sich davon vollkommen umschlossen und ganz darin aufgenommen, und in der Gegenwart dieses Wesens empfindet er vollkommene Bejahung und Geborgenheit. Er fühlt eine unwiderstehliche, gleichsam magnetische Anziehungskraft von ihm ausgehen. Er wird unausweichlich zu ihm hingezogen.«[4]

Moody führt dann weiter aus, daß dieses Lichtwesen, das ich den Engel des Todes nenne, von seinen Zeugen je nach ihrer religiösen Erziehung und ihrem weltanschaulichen Hintergrund verschieden bezeichnet wurde. So wurde dieses Lichtwesen mit Christus identifiziert von jenen, die nach ihrer Erziehung und Überzeugung Christen sind. Einige Juden sahen in diesem Lichtwesen einen Engel.

Wir wenden uns einem zweiten Aspekt des Todesengels zu: Es geht hier um die Auseinandersetzung mit den Fragen nach Sterben und Tod, insbesondere um den sogenannten symbolischen Tod in den Todesträumen. Auf diese Thematik wurde ich in meiner Lebensmitte durch den folgenden Todestraum aufmerksam:

»Ich erhielt den Auftrag, mich als Gestorbenen zu identifizieren. Ich wurde von zwei mir nicht bekannten Begleitern zu einem Kranken- oder Sterbezimmer geführt, in dem ich als Gestorbener aufgebahrt war. Auf dem Wege dorthin verzögerte ich immer mehr meinen Gang. Als ich in der Tür des Sterbezimmers stand, sah ich an der gegenüberliegenden Wand ein weißes Bett mit einem darübergedeckten Laken, unter dem ich deutlich die Umrisse eines Körpers sah. Ich versuchte davonzulaufen, weil mir das, was ich nun tun sollte, furchtbar angst machte. Doch meine Begleiter nötigten mich, an das Totenbett heranzutreten. Mit jedem Schritt versuchte ich, den Auftrag hinauszuzögern. Zuletzt bewegte ich mich zentimeterweise vorwärts. Mir war, als hätte ich Blei in den Beinen. Dann stand ich vor der Leiche, die unter dem Laken lag. Mit Furcht und Zittern hob ich das Laken auf, um mich als Gestorbenen zu identifizieren. In panischer Angst erwachte ich, als ich in mein eigenes Totengesicht sah.«[5]

Die Erzengel Raphael und Gabriel tragen eine Seele.
Ausschnitt aus einem Altarbild aus Equillor, um 1200.
Barcelona, Museo de Bellas Artes de Cataluna

Engel tragen eine Seele in das spirituelle Reich

Auf dem Bild eines alten Meisters um 1200 sehen wir die beiden Erzengel Raphael und Gabriel, die in einem Tuch eine abgeschiedene Seele in die geistige Welt tragen. Der Maler bezieht sich dabei auf die biblische Aussage, daß die Seele des verstorbenen Lazarus von den Engeln in Abrahams Schoß getragen wurde. So wie der Schoß oder die Gebärmutter einer Mutter für das werdende Leben ein Ort der Geborgenheit ist, so gibt es nach dem irdischen Leben ein Aufgehobensein in der spirituellen Welt. Diesem Ziel geht der scheidende Mensch auf unserem Bild in großer Offenheit entgegen. Bei dieser Gestalt ist nach meiner Sicht nicht ersichtlich, ob es eine Frau oder ein Mann ist. Wahrscheinlich ist es ein androgynes Wesen, in dem Weibliches und Männliches in einer Person wieder vereint sind. Dieses ganzheitliche Menschsein bringt Jesus in der Aussage zum Ausdruck, daß in der Auferstehung und im neuen Leben es nicht mehr die Geschlechter von Frauen und Männern gibt, sondern sie werden sein wie die Engel. Dies mag für alle, die in diesem Leben unter schmerzlichen Sexualstörungen zu leiden hatten, ein Trost sein, doch die anderen, für die Liebe eine Beglückung war, werden sich vielleicht fragen, welche Freuden die Seelen dann noch haben werden? Eine spirituelle Vorstellung besagt, daß dann ewige Freude und Wonne über ihren Häuptern sein wird. Was die Wonne mit den erotischen Schwingungen der Seele zu tun hat, habe ich an anderer Stelle gesagt.
Nach meinen Erfahrungen könnte das vorliegende Bild besonders für Kranke und sterbende Menschen tröstlich sein. Es wäre wünschenswert, daß dieses Bild in farbigem Druck in einem Kranken- oder Sterbezimmer so aufgehängt würde, daß die Augen der Betroffenen darauf gerichtet sein können. Letztlich

könnte dieses Bild für jeden tröstlich sein, der sich in den guten Tagen seines Lebens auf sein »letztes Stündlein« vorbereiten möchte.

Affirmation:
– »Ach Herr, laß Dein lieb' Engelein am letzten End' die Seele mein in Abrahams Schoß tragen!«

– Im hellen Licht des Engels fühle ich mich geborgen.

Affirmation für (sterbende) Kinder:
– Mit meinem Schutzengel fliege ich in den Himmel.

Die zwei unbekannten Begleiter zur Rechten und zur Linken, die mich abführten, empfand ich wie Boten des Todes oder wie meine persönlichen Todesbegleiter oder Todesengel. Auf der einen Seite war ich froh, bei diesem schaurigen Unternehmen nicht alleine zu sein, und auf der anderen Seite war ich diesen Schergen des Todes total ausgeliefert. Dieser Todestraum wurde damals für mich zu einem wichtigen Meilenstein auf dem Wege der spirituellen Wandlung und der seelischen Wiedergeburt in der zweiten Lebenshälfte. Ich habe damals existentiell erfahren, daß solche symbolischen Todeserfahrungen wesentlich sind, um zu dem tieferen persönlichen Wesen vorzudringen. Durch diese Erschütterung erlangte ich eine neue Identität, wie auch der eigentliche Auftrag im Traum lautete, nämlich mich als Gestorbenen zu identifizieren. In der längeren Auseinandersetzung mit diesem Traum wurde mir deutlich, daß es nicht um die Ankündigung des realen Todes ging, sondern um das Absterben der alten Lebensmuster und des sogenannten alten Menschen.

Durch diesen Traum wurde ich besonders aufmerksam auf ähnliche Symbole und Phänomene in den Träumen anderer Menschen, auch bei meinen Patientinnen und Patienten. Dabei erfuhr ich zu meinem Erstaunen, daß viele Menschen derartige Traumbilder wörtlich nehmen und an den realen bevorstehenden Tod denken und dabei in außerordentliche Sorge oder Todesangst geführt werden. Derartige Mißverständnisse und unnötige Ängste veranlaßten mich dazu, spezielle Traumseminare zu diesem Thema anzubieten. Es erscheint mir sehr wichtig und hilfreich, daß Menschen wieder die Bildersprache ihrer Träume mit den eindrucksvollen Symbolen des Sterbens und Neuwerdens verstehen und einen persönlichen Nutzen daraus ziehen. Interessierte finden für die persönliche Deutung ihrer Todesträume eine Liste mit 16 Fragen zum persönlichen Umgang und der eigenen Arbeit an dieser Thematik in meinem Buch über die Träume vom Tod[6].

Ein weiterer, sehr hoffnungsvoller und tröstlicher Aspekt ist die Begleitung durch den Todesengel im unmittelbaren Prozeß des Sterbens. Für den Engel des Todes in seiner Funktion als Sterbebegleiter gibt es zahlreiche Texte und Zeugnisse, von denen ich hier leider nur einige erwähnen kann. Zum ersten Mal setzte ich mich mit dieser Erfahrung im Jahre 1966 auseinander, als ich in meiner ehemaligen Kirchengemeinde eine Predigt hielt über die biblische Geschichte vom reichen Mann und dem armen Lazarus, der von den Engeln in Abrahams Schoß getragen wurde[7]. Zum Lebensende des Reichen wird im Text nur gesagt, daß er begraben wurde. Damit war nicht nur sein Leben zu Ende, sondern auch ein absolutes Ende gesetzt, weil er keine Hoffnung auf ein ewiges Leben hatte und anscheinend nichts wußte von einer unsterblichen Seele. Die Seele des Lazarus jedoch wurde von den Engeln in Abrahams Schoß getragen. Obwohl ich damals mit 30 Jahren noch nicht diese persönlichen spirituellen Erfahrungen mit meinen Engeln hatte, von denen ich einleitend gesprochen habe, hat mich die symbolische Beschreibung des Todesengels seitdem begleitet und meine Anschauung darüber tief beeinflußt. Das Bildwort von Abrahams Schoß ist ein Symbol für die Geborgenheit in Gott und in der spirituellen Welt.
Viele Menschen erleben in der Nähe des Todes nicht die Gegenwart von hilfreichen Engeln, sondern haben Alpträume und Schreckensvisionen schrecklichster Art, wie uns der Bericht eines Patienten zeigt, dem wegen einer Vergiftung durch Harnstoffe die rechte Niere entfernt werden mußte. Er berichtet:

»Am dritten Tage nach der Operation kam es zur Krise. Die mir verbliebene Niere schaffte das nunmehr doppelte Pensum nicht. Im Blut reicherten sich Gifte an. Urämie, sagte der Arzt. Doch davon hörte ich erst später. Damals hatte ich abgeschaltet. Nur wenn der jähe Schmerz einer Injektion mich weckte, war ich für Sekunden da. Sonst war ich allein. Auf einer endlos weiten Steppe. Braundürres Gras bis zum fernen Horizont. Darüber ein fahler Himmel mit

jagenden Wolken. Und dann kam es über die letzten Hügel: Gelbe Wölfe in dichter Front! Welle hinter Welle, wogende Rücken, trommelnde Läufe. Auf mich zu!
Ich hörte meine Zähne knirschen. Ich sah mich selbst: wie ich niederkniete, mich fest einstemmte. Laß dich nicht umreißen! Die Bestien –
Jetzt sind sie da! Geifernder Schaum und bleckende Zähne. Ganz dicht vor meinen Augen. Ich packte zu, in jagender Angst, mit beiden Händen. Und griff ins Leere.
Der nächste, übernächste: Ich sah die giftgelben Augen. Ich hörte das Hecheln und Heulen. Ich griff, packte zu und – faßte ins Leere. Immer wieder, immer wieder.
Ich sah, wie die gelbe Woge sich vor mir teilte; wie flockende Felle mich streiften, geifernde Rachen schnappten. Vorbei, vorbei! Und wieder eine neue Welle wogender Leiber – Kampf ohne Ende –
Seltsam, daß mitten in diesem Rasen mein Verstand sich meldete, nüchtern die Lage analysierte: Bitte, mein Lieber, es sind nur Halluzinationen! Dein fieberflammendes Hirn gaukelt dir das alles vor. Greif nur hin! Und du faßt durch.
Plötzlich erfüllte mich Ruhe. Ich hatte den Spuk begriffen. Zupacken! Und die Wölfe werden zum leeren Wahn.
Tage danach, als alles vorüber war, berichtete man mir: ›Stundenlang haben Sie mit den Händen ins Leere gegriffen. Es war nicht mehr mitanzusehen.‹
Als ich sagte, warum ich's tat, sah mich der Arzt ernst an: ›Sie waren ganz hart an der Grenze.‹
Ich war an der Grenze. Ich weiß nicht, ob auch andere, die an die Grenze geführt werden, die gelben Wölfe sehen. Ich weiß nicht, ob auch sie zupacken und den Wahn begreifen. Es könnte sein, daß einer sich zur Flucht wendet. Und unter die Wölfe gerät. Ist das dann – der Tod?
Ich hatte damals mein Haus bestellt: gebeichtet, das Abendmahl genommen. Ich war bereit, die Grenze zu überschreiten. Der Tod war mir das andere Ufer. Ich kann nur hoffen, daß ich auch bereit bin, wenn wieder die gelben Wölfe kommen.«[8]

Die gelben Wölfe in dem eindrucksvollen Bericht sind ein symbolischer Ausdruck für das Ringen des Patienten und seinen Überlebenskampf mit den Vergiftungsstoffen in seinem Körper.

Ein ähnliches Traumbild von einem erschreckenden Wolfshund hatte C.G. Jung vor dem Tod seiner Mutter. Als sie starb, befand er sich im Tessin. Darüber berichtet er:

»In der Nacht vor ihrem Tode hatte ich einen erschreckenden Traum: Ich befand mich in einem dichten, finsteren Wald; phantastische, riesige Felsblöcke lagen zwischen gewaltigen, urwaldartigen Bäumen. Es war eine heroische, urweltliche Landschaft. Mit einem Male hörte ich ein gellendes Pfeifen, das durch das Universum zu hallen schien. Die Knie wurden mir weich vor Schrecken. Da krachte es im Gebüsch, und ein riesiger Wolfshund mit einem furchtbaren Rachen brach heraus. Vor seinem Anblick gerann mir das Blut in den Adern. Er schoß an mir vorbei, und ich wußte: jetzt hat der Wilde Jäger ihm befohlen, einen Menschen zu apportieren. Mit Todesschrecken erwachte ich, und am folgenden Morgen erhielt ich die Nachricht vom Tode meiner Mutter.«[9]

Bei meinen Studien über prophetische Todesträume habe ich wiederholt gefunden, daß schwarze Vögel, Wölfe oder besonders bedrohliche Tiere Todesboten sein können. Aus meinem Material habe ich zehn Merkmale für prophetische Todesträume zusammengetragen[10]. Es scheint so zu sein, daß in den tiefen Schichten der Seele bestimmte Raster vorhanden sind, die bei intensiven Erlebnissen im Umkreis des Todes derartige Todessymbole konstellieren und in den Träumen oder in den Tagträumen ins Bewußtsein heben.

Abschließend möchte ich nochmals auf die Berichte von Moody zu sprechen kommen, die E. Kübler-Ross wie folgt zusammenfaßt: »Diese Patienten haben alle die Erfahrung gemacht, aus ihrer stofflichen Körperhülle hinausgetragen zu werden, und haben dabei ein tiefes Gefühl von Frieden und Ganzheit gehabt. Die meisten haben eine andere Person wahrgenommen, die ihnen behilflich war bei ihrem Übergang auf eine andere Seinsebene. Die meisten wurden begrüßt von früher Verstorbenen, die ihnen nahe gestanden hatten, oder von einer religiösen Gestalt, die in ihrem Leben eine wichtige Rolle gespielt hatte und die natürlich ihren Glaubensüberzeugungen entsprach«.[11]

Als letzten Aspekt des Todesengels möchte ich von Erscheinungen von Toten berichten, die so eindrucksvoll und intensiv auf die Betroffenen wirkten, als ob tatsächlich ein Geistwesen erschienen sei. C.G. Jung hält den folgenden Traum seiner Mitarbeiterin und Schülerin Marie-Luise von Franz für einen sogenannten objektstufigen Traum. Sie hatte diesen Traum drei Wochen nach dem Tod ihres Vaters, der unerwartet gestorben war, während sie von zu Hause abwesend war. Der Traum lautet:

»Es war etwa 10 Uhr abends und dunkel. Da hörte ich die Hausglocke läuten und wußte irgendwie, das war mein Vater, der kam. Ich öffnete die Türe und da stand er mit einem kleinen Handkoffer. Ich erinnerte mich (im Traum) daran, daß das Tibetanische Totenbuch sagt, daß man Leuten, die plötzlich gestorben sind, oft sagen sollte, daß sie tot seien, aber bevor ich etwas sagen konnte, lächelte mein Vater und sagte: ›Natürlich weiß ich, daß ich tot bin, aber ich werde euch doch wohl besuchen dürfen?‹ Ich: ›Natürlich, komm herein‹ und fragte dann: ›Wie geht es dir, was tust du nun, bist du glücklich?‹ Er antwortete: ›Ich muß überdenken, was ihr Lebenden glücklich nennt – ja, doch, in eurer Sprache gesagt bin ich glücklich. Ich bin in Wien (seine Heimatstadt, die er sein Leben lang liebte und nach der er Heimweh hatte) und ich studiere an der Musikakademie.‹ Dann kam er ins Haus und stieg die Treppe empor. Ich wollte ihn zum Elternschlafzimmer geleiten, aber er winkte ab und sagte: ›Nein, nun bin ich nur ein Gast‹ und ging zum Gastzimmer weiter. Dort stellte er den Koffer auf dem Tisch ab und sagte: ›Es ist weder für die Toten noch für die Lebenden gut, zu lange zusammen zu sein. Geh nun. Gute Nacht.‹ Mit einer Geste bedeutete er mir, ihn nicht zu umarmen, sondern zu gehen. Ich kehrte zu meinem Schlafzimmer zurück und meinte, ich hätte vergessen, den elektrischen Ofen abzustellen und es könnte ein Brand entstanden sein. In diesem Augenblick erwachte ich enorm erhitzt und schwitzend.«[12]

Die Erscheinung vermittelt der Träumerin den Eindruck, daß der Vater tatsächlich gegenwärtig sei. Das Bild von dem elektrischen Ofen sowie die enorme Erhitzung der Träumerin weisen auf das besondere energetische Phänomen und die besondere Intensität solcher Träume hin. Im Traum selber wird eine wesentliche

Botschaft ausgedrückt: »Es ist weder für die Toten noch für die Lebenden gut, zu lange zusammen zu sein!« Von Franz empfiehlt, den Kontakt mit den Verstorbenen nicht durch magische Praktiken oder spiritistische Sitzungen aufrechtzuerhalten oder jeweils erneut heraufzubeschwören. Man sollte sich mit den spontan eintretenden Erscheinungen der Verstorbenen begnügen, weil sonst die Lebenden in den jenseitigen Zustand der Verstorbenen verwickelt werden können und damit zunehmend einer seelischen Unbewußtheit oder einer psychischen Dissoziation des Bewußtseins verfallen können. Es scheint so zu sein, daß die Verstorbenen kein Bewußtsein mehr haben und wir Lebenden ihnen die Botschaft vermitteln müssen, daß sie tot seien und in der geistigen Welt ihren Frieden finden sollten. Offensichtlich haben nur wir Lebenden ein Ich-Bewußtsein, das zu unterscheiden vermag zwischen dem Leben in unserer Welt und jener anderen geistigen Welt. Diese Unterscheidung und die Abgrenzung von der Welt der Toten scheint für unsere psychische Gesundheit und für unsere persönliche Integrität von größter Bedeutung zu sein, weil sonst eine Ich-Auflösung und eine Psychose folgen könnten.
Es gibt zahlreiche Menschen, die regelrecht unter Alpträumen leiden und denen die Erscheinungen von Verstorbenen Schlafstörungen bereiten. Diese Wesenheiten bereiten bei ihren Erscheinungen nicht nur furchtbare Ängste, sondern, was noch viel schlimmer ist, sie rauben viele Lebensenergien, so daß sich die Betroffenen danach kraftlos fühlen oder unter einer Erschöpfungsdepression leiden. In der volkstümlichen Vorstellung oder Frömmigkeit wird bei diesem Phänomen von den unerlösten Seelen gesprochen, die in der anderen Welt offensichtlich keine Ruhe und keinen Frieden finden können. Sie scheinen in ihrem Geistwesen und in ihrer seelischen Existenz noch derart stark mit bestimmten Menschen auf dieser Erde verbunden zu sein, daß sie sich immer wieder an sie wenden. In einer Art besonderen geistlichen Begleitung oder in einer speziellen spirituellen Therapie geht es nun darum, diesen Seelen, die noch keinen endgültigen

Frieden erlangt haben, zur Heimkehr in das ewige Licht zu verhelfen. Diese »unerlösten« Seelen oder vielleicht sogar diese »verlorenen« Seelen scheinen sich in einer Art Astralebene oder in einem Zwischenreich aufzuhalten und in einer Art Erdgebundenheit gefangen zu sein. Sie können vermutlich auch nicht durch die Todesengel weiter in die höheren spirituellen Dimensionen und schließlich in die Lichtwelt zu Gott geleitet werden. Es scheint unsere Aufgabe als Lebende und Menschen mit einem Ich-Bewußtsein zu sein, diese Leidenden und unerlösten Seelen aus ihren Bindungen und Verstrickungen an eine bestimmte Lebensgeschichte zu lösen. Therapeutische Schritte in dieser Loslösung können sein, daß Analysand und Therapeut sich für eine aktive Imagination entscheiden oder zu einer Art von gelenkter Traumreise, in der die unerlöste Seele durch den Mund des gegenwärtigen Menschen alle jenen aufgestauten Gefühle aussprechen kann, die bisher vermutlich die Ursache für die Alpträume von den Verstorbenen waren. Es gibt oftmals viele Enttäuschungen und Trauer oder sogar Wut über die Umstände des Todes, die niemals ausgesprochen und in Worte gekleidet wurden. Oftmals sind es auch Seelen, die unversöhnt plötzlich haben sterben müssen, ohne bestimmte Dinge in Ordnung bringen zu können. Dann ist die nachträgliche Versöhnungsarbeit von größter Wichtigkeit.

Für diese spirituelle Arbeit ist es sehr wichtig, seinen persönlichen Schutzengel oder den spirituellen Begleiter um Anwesenheit und Hilfe zu bitten. Für mich persönlich ist es der Erzengel Raphael, an den ich mich wende und der bei meiner sonstigen spirituellen Therapie mein Supervisor und Begleiter ist. Nach dieser Besinnung auf die Engel kann eine Entspannungsübung durch Atmen die Lösungsarbeit vorbereiten. Ferner ist es hilfreich, sich ein fließendes weißes Licht vorzustellen, das langsam den ganzen Körper durchstrahlt und die Person in eine lichte Wolke kleidet. Dann geht es darum, verständnisvoll zuzuhören und darauf einzugehen, was eine verlorene Seele durch den Mund des anwesenden Patienten aussprechen will. Dabei kommt es gelegentlich zu tiefen Erschütterungen und starken Gefühlsausbrüchen, die oftmals erst möglich werden durch die Anwesenheit und Begleitung eines vertrauensvollen Therapeuten. In dem weiteren Prozeß geht es dann darum, dieser verlorenen Seele zu sagen, daß ihre physische Lebensform gestorben ist und sie jetzt ins Licht gehen und heil werden kann. Mit Einfühlungsvermögen und Intuition gilt es dann, sich von dieser Seele zu verabschieden und sie mit guten Gedanken oder Fürbitten in die Lichtwelt zu begleiten. Gläubigen Katholiken empfehle ich, nach Abschluß der Sitzung eine besondere Seelenmesse für diesen Verstorbenen bei ihrem Priester zu erbitten.

Die hier notwendigerweise kurz umschriebenen therapeutischen Schritte mögen für manchen fremdartig klingen, sind aber in der Tat eine seit Jahrhunderten praktizierte spirituelle Therapie. Ein Beispiel dafür sind die Erfahrungen von Swedenborg und anderen spirituellen Lehrern der vergangenen Jahrhunderte.

Abschließend möchte ich Ihnen einige Fragestellungen vorlegen und damit Verstehenshilfen geben zur ersten Selbsthilfe im Umgang mit Ihren Todesträumen. Nach meinen Erfahrungen in der therapeutischen Traumarbeit träumen viele Menschen in den Krisenzeiten ihres Lebens auch vom eigenen Tod, indem sie sich z.B. selber als Gestorbene sehen oder ihrer eigenen Beerdigung beiwohnen. In der Regel sind solche Träume vom eigenen Tod symbolisch zu deuten, in diesen erschreckenden Bildern wird die persönliche Wandlung und der anstehende Prozeß des ewigen Stirb und Werde angezeigt.

Sie können sich also unnötige Ängste und Seelenqualen ersparen, wenn Sie sich um eine symbolische Deutung derartiger Phantasien und Träume bemühen. Die folgende Frage möchte Ihre Selbsthilfe unterstützen. Stellen Sie sich dazu vor, Sie hätten mir Ihre Todesgedanken oder Ihren Todestraum erzählt, dann würde ich Sie nach meinem aufmerksamen und einfühlsamen Zuhören fragen:

– Steht Ihr Todestraum im Zusammenhang mit dem Tod eines Angehörigen oder eines nahestehenden Menschen?

Wenn Sie sich einige Gedanken über solch naheliegenden Erfahrungen machen, werden Sie verstehen, daß der längerwährende Trauerprozeß sich auch in solchen Bildern des Todes ausdrücken kann.

Eine weitere Ursache für einen Todestraum können Krankheitsängste oder die Auseinandersetzung mit der eigenen Sterblichkeit sein. Auch in den existentiellen Lebenskrisen wie z.B. in der Lebensmitte oder beim Übergang in den Ruhestand können uns die Bilder des Todes die Botschaft vermitteln, daß der zurückgelegte Lebensabschnitt jetzt nicht nur zu Ende geht, sondern in tieferem Sinne »gestorben« ist. Unser Traumregisseur vermittelt uns diese Erkenntnis und diese Erfahrung dann in den Symbolen des Todes. Ich denke, daß Sie aus dem Gesagten einige Verstehenshilfen für Ihre persönlichen Todesträume ableiten können.

Schließlich möchte ich mit Ihnen noch der Frage nachgehen, wann ein Todestraum nun eine tatsächliche Vorahnung des nahenden Endes ist. Ich erfahre in solchen Ernstfällen immer wieder, daß die Intuition als das Ahnungsvermögen der Seele ein Vorauswissen von dem tatsächlich bevorstehenden Tod hat und es so überzeugend vermittelt, daß man sich dieser Wahrheit nicht verschließen kann. Im Zweifelsfalle ist es ratsam, einen solchen Traum mit einem(r) TherapeutenIn, PsychologenIn oder SeelsorgerIn zu besprechen, der sich durch eine Ausbildung in Traumtherapie kompetent gemacht hat.

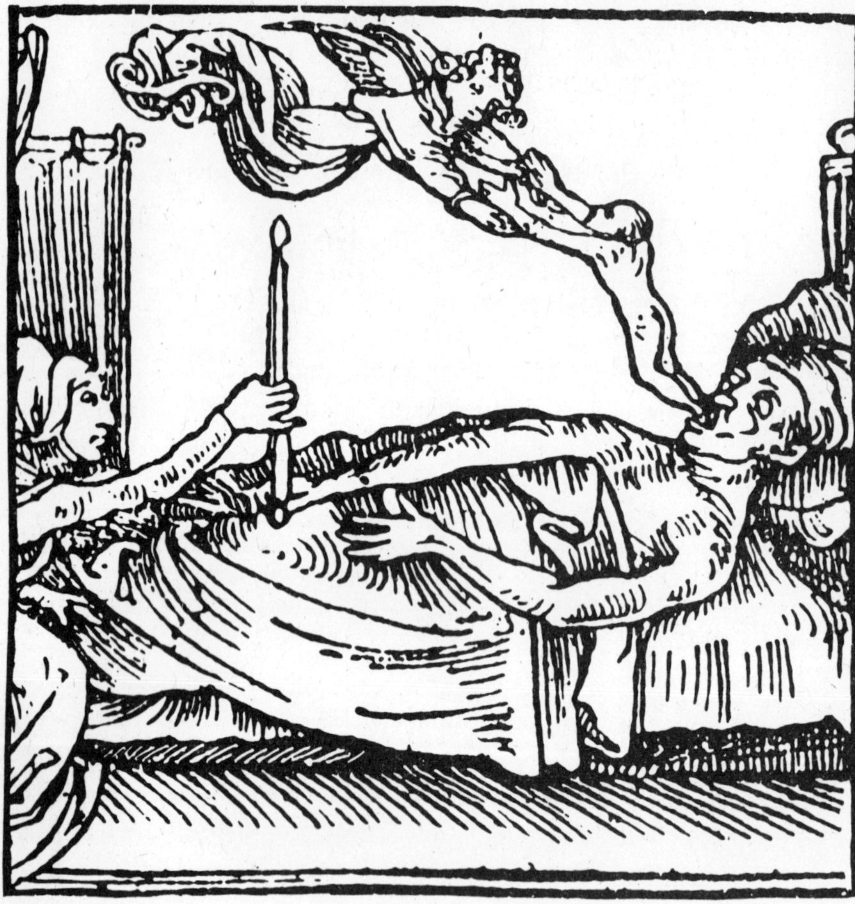

Der Todesengel empfängt die Seele –
Holzschnitt aus Reiter's Mortilogus
Augsburg, 1508

MEIN EBENBILD

Ich gehe mein Ebenbild zu treffen,
und mein Ebenbild
kommt mir entgegen:
es liebkost mich
und umarmt mich,
so als ob ich aus
der Gefangenschaft zurückkehrte.

Aus der Totenliturgie der Mandäer

Die mit den Engeln gehen wollen

Ich möchte einige Anregungen für den persönlichen Umgang mit Engeln mitteilen, die besonders für Menschen, die eine tiefe Sehnsucht nach spiritueller Erfahrung haben und einen neuen Zugang suchen zur geistigen Welt, bestimmt sind. Alles, was hier gesagt wird, geschieht unter dem Vorbehalt und Wissen, daß wir den Engeln als spirituelle Begleiter und Geistwesen keinerlei Vorschriften machen können. Gerufen oder ungerufen, stehen sie bereit. Manchmal scheint es, daß sie darauf warten, um Hilfe oder Heilung gebeten zu werden.

Eine wichtige Vorbereitung für die Begegnung mit dem persönlichen Engel geschieht durch das Ausstrecken der geistigen Antennen und das Öffnen der spirituellen Kanäle in der Seele. Ähnlich, wie zum Empfang des Radio- oder Fernsehprogramms die Geräte in Ordnung sein und dann zur Sendung eingeschaltet werden müssen, so können auch wir nur Botschaften, Signale oder Schwingungen aus der geistigen Welt der Engel empfangen, wenn wir selber dafür empfänglich sind und uns auf Empfang eingestellt haben.

Ich möchte diese Haltung als liebevolle Aufmerksamkeit für die Engel bezeichnen.

Die Erscheinung eines Engels oder die Anwesenheit unseres spirituellen Begleiters oder des geistlichen Lehrers kann durch engelhafte Musik oder poetische Texte gefördert werden. Wenn wir derartige Texte nicht nur oberflächlich lesen, sondern meditieren und genau reflektieren, dann können unsere geistigen Antennen verstärkt auf die Engelwelt gerichtet werden. Für mich persönlich hat eine derartige Wirkung die Kantate Nr. 19 zum Michaelis-Fest von Johann Sebastian Bach, in der in einer Arie gesungen wird:

Bleibt, Ihr Engel, bleibt bei mir!
Führet mich auf beiden Seiten,
daß mein Fuß nicht möge gleiten.
Aber lehrt mich auch allhier,
Euer großes Heilig Singen
und dem Höchsten Dank zu bringen.
Bleibt, Ihr Engel, bleibt bei mir.

Manchmal beginnt mein Engel, mich zu inspirieren, wenn ich in Sinnbildern, Symbolen oder Träumen ihm einen Weg zu mir bereite. Auch wenn der Engel für unsere Wahrnehmung zunächst nicht spürbar ist, so kann es dennoch Annäherungen von beiden Seiten geben. Wer Erfahrungen mit Engeln sucht, könnte als Vorbereitung für sich ein spirituelles Symbol suchen und dieses wie beim Bau einer Brücke langsam an das jenseitige Ufer der geistigen Welt hinüberschieben.

Ein besonderer Weg für den spirituellen Umgang mit Engeln ist die Möglichkeit der Anrufung in der Meditation oder aktiven Imagination (nach C.G. Jung). Dazu können die Texte im abschließenden Kapitel dieses Buches hilfreich sein. Für diese Übung sollten Sie sich Zeit nehmen und sich an einen ruhigen Ort zurückziehen. Nachdem Sie sich durch wiederholtes tiefes Ausatmen körperlich entspannt haben, richten Sie Ihre liebevolle Aufmerksamkeit auf Ihren Engel und lassen ihn mit Hilfe Ihrer Einbildungskraft vor dem inneren Auge erscheinen. Zur Belebung Ihrer Phantasie kann auch eine Ikone beitragen oder ein Engelbild aus der Kunst, das Sie ganz besonders anspricht.

Die Erscheinung eines Engels geschieht gelegentlich in einem Traum mit archetypischen Bildern. Beispiele für derartige Erfahrungen und Träume habe ich in dem vorliegenden Buch gegeben. Wenn Sie sich schon längere Zeit mit Träumen und ihrer Deutung beschäftigt haben, können Sie sich abends vor dem Einschlafen einen spirituellen Traum wünschen und von der Traumseele erbitten. Sie können dies durch Ihre aktive Imagination fördern und verstärken, indem Sie bei Ihrer abendlichen Meditation die rechte Hand auf Ihre rechte Gehirnhälfte legen. In dieser Seite des Gehirns werden nachts die Träume gebildet. Von Rudolf Steiner haben wir gelernt, daß bei dieser geistigen Tätigkeit und der »Bildungsarbeit« auch die Engel mitbeteiligt sind. Wenn Sie dann einige Minuten Ihre liebevolle Aufmerksamkeit zu Ihrem Engel hingelenkt haben, legen Sie abschließend die rechte Hand auf Ihr Herz, um damit einen Kontakt zwischen dem Gehirn und dem Herzen herzustellen. Nach dem biblischen Menschenbild werden im Herzen die Bilder und Symbole gebildet, die uns mit der geistigen Welt und den Engeln verbinden.

Viele kreative Menschen machen die Erfahrung, daß sie durch einen guten Geist oder Engel auf gute Gedanken, schöpferische Ideen oder sogar zu besonderen Inspirationen kommen. Einige meiner Freunde sprechen bei derartigen Eingebungen oder bei einer besonderen Begeisterung für ein Thema von ihrem »Schreib-Engel«. Ähnliches erfahren wir – wie bereits angesprochen – auch von zahlreichen Dichtern, die ihre Werke von ihrem Genius oder dem Engel empfangen haben.

Manchmal erscheint uns auch ein Engel, wenn es eng wird in unserem Leben. In der psychologischen und therapeutischen Literatur wird zunehmend auf den auch mir wichtigen Zusammenhang aufmerksam gemacht, daß sich in Lebenskrisen gelegentlich auch ein Zugang zur Spiritualität eröffnet. Ein besonderes Symbol dieser neuen Spiritualität ist für manche Menschen dann der Engel.

Eine weitere Möglichkeit für das Erscheinen oder Einwirken eines Engels ergibt sich, wenn wir einen außerordentlichen Auftrag im Leben zu erfüllen haben. Ein Beispiel dafür ist die Tobit-Le-

gende aus dem Alten Testament, von der ich bei den biblischen Engeln einiges erzählt habe. Friedrich Weinreb und andere spirituelle Lehrer unserer Zeit berichten uns von Begegnungen mit Engeln in einer besonderen Lebenssituation oder wenn es um eine innere Berufung zu einem besonderen spirituellen Auftrag in ihrem Leben ging.
Ich halte in der geistigen Situation unserer Zeit die Annäherung an Engel und die Beeinflussung durch sie für die geistige Gesundheit des einzelnen und seine Psychohygiene auch aus therapeutischen Gründen für ganz wesentlich. Vergegenwärtigen wir uns dazu kurz die Situation vieler Kinder, Jugendlicher und auch Erwachsener, die über Jahre hin täglich viele Stunden zum Teil grauenvolle Bilder aus dem Fernsehen in sich aufnehmen und als Folge unter Nervosität, Konzentrationsmangel oder zunehmend auch unter neurotischen Störungen zu leiden beginnen. Derartige geistige Abstumpfungsprozesse sind auch auf anderen Ebenen zu beobachten, z.B. in den Chefetagen der Industrie, der Politik und den weiten Bereichen der Wissenschaft. Es werden zwar zweckdienliche Analysen erstellt, Computerberechnungen ausgewertet und möglichst alles rational und logisch auf die Reihe gebracht. Doch es fehlen in vielen Bereichen geistige Innovation und neue Bildekräfte, die eigentlich nur von Engeln kommen können.

Wer mit den Engeln gehen will, braucht als erstes ein Bewußtsein von der möglichen Anwesenheit und Nähe der Engel. Am nächsten ist den meisten Menschen der Schutzengel. Selbst kritische Zeitgenossen, die kein Vertrauen in eine höhere Macht setzen oder durch Spiritualität eine tiefere Lebensqualität erleben, sagen nach einem glimpflich verlaufenen Unfall: »Da hatte ich einen Schutzengel!« Wir sollten nicht nur in bedrohlichen Situationen mit der Anwesenheit eines Engels rechnen, sondern ihn als den Zwillingsbruder unserer Seele ansehen. Er wird durch unser Ahnungsvermögen wahrnehmbar und durch unsere innere

Stimme spürbar. Wenn wir ihn wirken und walten lassen, fügen sich manche Dinge im Leben leichter, und wir erleben mehr merk-würdige Zufälle.
Besonders Menschen, die unter ihren depressiven Stimmungen leiden oder von Selbstmordgedanken gequält werden, sollten häufig in ihrer Meditation sprechen:

– Mein Schutzengel gebe mir die Kraft,
den Selbstmordgedanken zu widerstehen!

– Der Engel durchlichte meine trüben Gedanken!

Wer spirituelle Erfahrungen mit Engeln sucht, kann dies auch auf dem Wege der geistigen und seelischen Heilung seiner psychosomatischen Krankheiten erleben. Neben dem Schutzengel ist damit der Heilungsengel, oder kürzer gesagt, der Heilengel, eine wichtige geistige Energiequelle. Wir wissen heute, daß viele Krankheiten und körperlichen Störungen eine geistige und/oder seelische Ursache haben. Was uns z.B. fortwährend kränkt, macht uns eines Tages auch krank. Der Heilungsprozeß nun, insbesondere was seine geistigen und seelischen Ursachen betrifft, kann durch spirituelle Energien und durch den Heilengel gefördert werden. Vielleicht schauen Sie sich zu diesem Thema das Bild »Die Festung der Gesundheit« von Robert Fludd und den ergänzenden Text nochmals an. Wenn Sie die Heilkräfte des Engels in sich aktivieren wollen, können Sie einige Male die folgenden Affirmationen sprechen und meditieren:

– Der Engel verwandle meine Hartherzigkeit in liebevolle Gedanken und zärtliche Gefühle!

– Mein Engel aktiviere die Selbstheilungskräfte meiner Seele!

Für kreative und schöpferische Menschen ist der Engel zur Inspiration oder der Musenengel sehr wichtig. Wir erinnern uns dazu an den Traum des jungen Chagall, wie er durch die

Erscheinung seines Musenengels eingeweiht wurde in die Wirklichkeit der Engel-Welt und durch diese spirituelle Erfahrung zu dem wohl größten und bekanntesten Engel-Maler unserer Zeit wurde. Ähnliche Erfahrungen machen schöpferische Menschen mit der Sprache, dem Wort oder mit Symbolen, wie ich dies an den Erfahrungen von C.G. Jung oder R.M. Rilke zu zeigen versucht habe.

Was diese schöpferischen Menschen in großem Stil vermocht haben, kann jeder von uns nach seinen eigenen kreativen Möglichkeiten versuchen. Eine der vielen Möglichkeiten wäre z.B., einen eindrucksvollen Traum zum Ausgangspunkt zu nehmen und sich dadurch im kreativen Schreiben zu üben. Ähnliche Möglichkeiten entdecken junge oder alte verliebte Menschen, wenn sie ihre erotischen Schwingungen zum Ausdruck bringen und damit ihrem Musenengel einen Dienst erweisen. Diese Beispiele mögen Sie anregen, sich durch Ihren Engel inspirieren zu lassen. Unterstützen können Sie die Erweckung von schöpferischen Prozessen in sich durch die folgenden Affirmationen, die in dem folgenden Kapitel durch zahlreiche weitere Beispiele ergänzt werden.

– Der Engel mache mein inneres Wissen und die Weisheit meines Herzens bewußt!

– Durch die Inspiration meines Engels werden die Traumbilder der Nacht zu Lebensplänen für den Tag!

Für viele Menschen ist es im Angesicht des Todes besonders tröstlich, wenn sie von einem Engel in die geistige Welt begleitet werden. Dazu habe ich Ausführungen in dem Kapitel über den Todesengel gemacht. Gelegentlich erfahren wir in unseren Familien oder im Freundeskreis, daß Menschen trotz ihres hohen Alters oder einer schweren Krankheit einfach nicht sterben und das diesseitige Leben nicht loslassen können. Von einigen solcher Schicksale weiß ich, daß sie sich zeit ihres Lebens weder um die zukünftige Welt Gedanken gemacht noch sich um Erfahrungen mit Engeln in diesem Leben bemüht haben. Daher scheint es nicht zufällig zu sein, daß sie auch an ihrem Ende mutterseelenalleine an der Schwelle zur anderen Welt stehen und kein Engel sie begleitet. Ich persönlich wünsche mir, daß ich einmal an meinem Lebensende von den Engeln in die geistige Welt begleitet werde. So schließe ich dieses Kapitel mit einem mir besonders lieben Liedvers, dem Schlußchoral von Bachs Johannespassion, der nach Möglichkeit einmal an meinem Sterbebett erklingen soll:

Ach Herr, laß dein' lieb' Engelein
am letzten End die Seele mein
in Abrahams Schoß tragen;
den Leib in sei'm Schlafkämmerlein
gar sanft ohn ein'ge Qual und Pein,
ruhn bis am Jüngsten Tage!
Alsdann vom Tod erwecke mich,
daß meine Augen sehen dich
in aller Freud, o Gottes Sohn,
mein Heiland und mein Gnadenthron!
Herr Jesu Christ, erhöre mich, erhöre mich,
ich will dich preisen ewiglich!

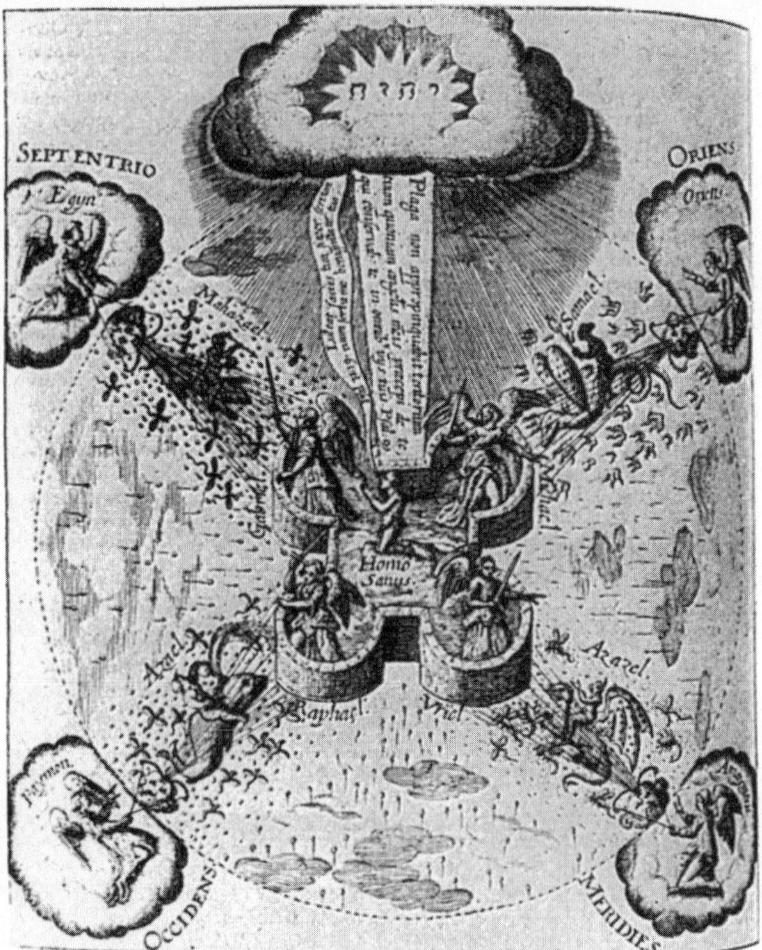

Der Makrokosmos besitzt sein böses Gegenstück
oder seinen bösen Zwilling in Gestalt einer Hierarchie
von den Menschen feindlichen Kräften.
Gegen deren Ansturm wird der menschliche Mikrokosmos
von Engeln beschützt,
die als Strahlen oder Ausweitungen des Göttlichen Lichts
dargestellt sind.

Die Festung der Gesundheit,
aus: Robert Fludd, Medicina Catholica, 1629

Die Heilkräfte der Engel zur Gesundheit

Die Engel haben nicht nur eine spirituelle Bedeutung für den Menschen, sondern können nach alter Anschauung auch die Gesundheit und das Wohlergehen des Menschen fördern und ihn vor krankmachenden Einflüssen schützen. Für den stark ausgeprägten Engel-Glauben des Mittelalters war dies ein ganz zentraler Gedanke, wie uns »Die Festung der Gesundheit« von Robert Fludd vor Augen führt. In jener Zeit sah man die vielen unerforschten Krankheiten noch in Verbindung mit geistigen Kräften oder dämonischen Mächten. In unserem aufgeklärten Zeitalter, in dem die meisten Krankheitsursachen für erforscht gelten, werden wir durch die Tiefenpsychologie und die Psychotherapie wieder darauf aufmerksam gemacht, daß oftmals nicht alleine die physischen Störungen in unserem Körper die Ursachen für Krankheiten sind, sondern häufig auch seelische Lebensenergien und negative Gedanken mitbeteiligt sind.

Die kleinen Tiere auf dem Bild von Fludd, die aussehen wie Insekten, können wir mit den nervösen Erregungen in unserem Nervensystem in Beziehung bringen. In den Träumen erscheinen die Insekten häufig bei Übererregung der Nerven und bei Streß. Derartige Bilder und Symbole weisen darauf hin, daß Ruhe und Änderung in unserer Lebenseinstellung nötig sind. Die größeren Tiere auf unserer Darstellung, wie der Delphin, der Drache oder die geflügelte Schlange, weisen, wie oftmals in den Träumen, auf psychosomatische Störungen hin.

Der Zusammenhang von Heilung und Spiritualität ist auf dem Bild mit den Spruchbändern dargestellt, auf denen heilende Worte aus den Psalmen zu lesen sind:

»Laß leuchten dein Angesicht, so genesen wir.« (Psalm 31,17 nach Luther)

»Dir begegnet kein Unheil,
denn er befiehlt,
dich zu behüten auf all deinen Wegen.« (Psalm 91,10)

Wenn es uns wichtig ist, im Leben ganz und heil zu werden, brauchen wir dazu auch die Engel als spirituelle Heiler und als Schutzmächte. Nach meiner tiefenpsychologischen Deutung ist der Erzengel Raphael für alle Formen der Heilung von psychosomatischen Krankheiten wie seelischen Neurosen hilfreich. Uriel, der Lichtengel, erleuchtet die Dunkelheit unseres Herzens, fördert unsere Bewußtwerdung und führt uns damit zu größerer Klarheit und Selbsterkenntnis. Michael kann uns im Kampf mit den Ängsten und Aggressionen helfen und darüber hinaus in dem geistigen Bemühen um eine neue und heilende Spiritualität. Gabriel schließlich, der göttliche Kraft und Stärke repräsentiert, kann uns in mancherlei Schwachheiten stärken und uns zu einem neuen Selbstvertrauen helfen. Vielleicht überlegen Sie, wie auch Sie diese Engelkräfte zur persönlichen Heilung und Gesundheit nutzen können.

Affirmation:

– Der Engel bringe die spirituelle Energien zum Fließen und heile meine Seele!

– Durch meinen Engel lerne ich mich wieder selbst zu lieben und traue dem Leben!

Annäherungen an die Engel-Welt

Engel-Worte

Zur Annäherung an die geheimnisvolle Welt der Engel möchte ich einige Erfahrungen mit den kleinen Engel-Karten aus Findhorn berichten. In der spirituellen Lebensgemeinschaft von Findhorn (an der Ostküste von Schottland gelegen) hat man für jede Woche des Jahres ein inhaltsreiches Engel-Wort ausgewählt, um sich daran in der persönlichen Meditation zu orientieren oder sich in der Gemeinschaft daran auszurichten. Auch ich persönlich und in meinen Traumgruppen mache seit vielen Jahren beeindrukkende Erfahrungen mit diesen Engel-Karten. An einem Beispiel möchte ich deutlichmachen, wie ein bestimmtes Wort zu einer Engel-Botschaft werden kann.

Während ich an diesem Engel-Buch arbeitete, sagte mir meine innere Stimme, daß ich es durch ein persönliches Engel-Wort einleiten möge. Daraufhin nahm ich mir die Zeit, mein Meditationstuch auf einem Tisch auszubreiten und darauf verdeckt die Engel-Karten auszulegen. Dann schloß ich eine Zeit lang zur Meditation die Augen und wünschte mir ein Wort meines Engels. Zu diesem Wunsch gehörte auch, daß dieses Wort mir eine bestimmte Engel-Qualität zeigen möge. Als ich die Augen öffnete, fiel mein Blick spontan auf das Kärtchen in der Mitte der 52 ausgebreiteten Engel-Karten. Zugleich ging aber auch eine gewisse Faszination von jenem Kärtchen aus, das mir am nächsten lag.

Nach einigem Abwägen blieb ich bei dem Kärtchen in der Mitte und drehte es voller Spannung um. »Entzücken« las ich und sah daneben vier Engel in einem grünen, blauen, roten und gelben Gewand, die um brennende Kerzen tanzen. Sie vermitteln mir den Eindruck des Entzückens. Ich verstehe es als eine seelische Bewegtheit. Nach meinem Empfinden war mir diese in der letzten Zeit etwas verlorengegangen. Das Engel-Wort »Entzücken« lenkte meine Aufmerksamkeit auf eine verborgene Erlebnis-Qualität, die in diesem Augenblick wieder erweckt wurde. Durch die Veränderung meiner Blickrichtung sah ich jetzt nicht mehr auf die Belastung meines Berufes, sondern sah diese in jenem Lichte, um das die Engel mit Entzücken tanzen. Von den Engeln lernte ich, mich wieder am Licht zu freuen.

Da die Engel-Worte im Original in englischer Sprache vorliegen, schlug ich im Lexikon nach, um die Bedeutungsvielfalt von »Delight« in meine Meditation aufzunehmen. Besonders angesprochen haben mich die Bedeutung von Freude und Wonne. Ich bin im Kapitel über die Erotik der Engel besonders auf den Begriff der Wonne bei den Engeln eingegangen. Bei der weiteren meditativen Betrachtung des Kärtchens kam ich durch die brennenden Kerzen darauf, daß sie zuvor angezündet werden mußten, um brennen zu können. Dies wurde mir zu einem Sinnbild, daß das Angezündet-Werden und Entflammen eine Brücke zum Entzücken und der damit verbundenen Begeisterung bilden können. Die Engel begeistern mich zeit meines Lebens. In der Be-geisterung sehen wir das Wort Geist und erkennen dadurch eine Beziehung zwischen der emotionalen Berührung und der geistigen Betroffenheit. Das Entzücken und die Faszination haben für mich etwas mit dem Wirken des lebendigen Geistes zu tun. Da Engel Geistwesen sind, durchwirken sie unser Leben mit Geisteskraft.

Ein weiteres Beispiel zu den Engel-Karten: Eine Frau in der Lebensmitte hatte das Engel-Kärtchen »Dankbarkeit« gezogen und schrieb zu ihren Erfahrungen:

»Einem Engel dankbar zu sein – oder dazu von einem Engel aufgefordert zu werden, ist für mich schon etwas merk-würdig. Während ich darüber nachsinne, fallen mir zwei besondere Begebenheiten ein, bei denen ich die Anwesenheit eines Engels spürte und ihm von Herzen dankbar wurde. Ich erinnere mich an jene Zeit, als ich mit meinem zweiten Sohn schwanger war. Wir wohnten damals in einer kleinen Dachwohnung, als ein furchtbares Gewitter sich über dem Dorf entlud. Ein schrecklicher Blitzschlag versetzte mich in panische Angst. Ich lief zunächst zu meinem einjährigen Sohn, der in seinem Bettchen lag. Es war ihm nichts geschehen. Ich nahm ihn auf den Arm und setzte mich wie erstarrt aufs Bett. Was wirklich geschehen war, wollte ich nicht mehr wissen. Wir lebten. Eine Zeit lang mußte ich so gesessen haben, denn als ein Nachbar kam, um sich nach unserem Ergehen zu erkundigen, glaubte ich, es kommt jemand aus einer anderen Welt zu mir. Er sagte mir, daß der Blitz den Baum neben dem Haus gespalten habe. Er sei auf die Straße gefallen, statt auf unser Haus zu fallen und damit auch unsere Dachwohnung zu zertrümmern. Weinend fiel ich ihm mit meinem Kind auf dem Arm um den Hals. Er hatte mit seiner Botschaft meine Erstarrung gelöst. Ein herzlicher Dank an den Engel erfüllte mich, der den Baum so fallen ließ, daß er uns nicht verletzte.
Ein anderes prägendes Erlebnis hatte ich mit einem für mich dunklen Engel. In der Lebensmitte, nach der getanen ›Kinderarbeit‹, wollte ich noch einmal neu beginnen, indem ich eine pflegerische Ausbildung anstrebte, um durch diese Tätigkeit meinen Angehörigen zu beweisen, daß ich auch ohne sie leben könne. Ich schickte alle Unterlagen ab, bekam einen Gesprächstermin und wurde entlassen mit den Worten, daß ich für diese Arbeit zu alt sei. Diese Aufgaben erfordern eine jüngere Kraft, eine körperliche Wendigkeit und einen jungen, frischen Geist. In den folgenden Stunden und insbesondere in der folgenden Nacht brach eine Welt in mir zusammen. Ich lief hinaus ins Freie, verfolgt von den Worten, zu alt, unbrauchbar zu sein,

verlassen von Mann und Kindern, die ihr eigenes Leben lebten. Zu dieser deprimierenden Situation fällt mir die Zeile aus einem Gedicht ein: Er steht im Weg und er sagt nein, der Engel! – In meiner Enttäuschung ging ich weinend durch die Straßen. Immer mehr kroch ich in mich hinein, rollte mich im Gehen zusammen. Ich wollte nicht innehalten, ich mußte laufen. Und dann war in der Dunkelheit plötzlich jemand neben mir, der mich hielt, der mit mir ging, mich nichts fragte. Seinen Arm unter den meinen schob und mir dadurch Kraft gab. Wir gingen Runde um Runde um unser Wohnviertel. Kein Wort wurde gesprochen. Völlig erschöpft und leergeweint ging ich ins Haus. Obwohl ich dann wieder alleine mit mir war, spürte ich diese stützende Kraft noch lange. Mir war, als spräche ein Engel zu mir: Du bist nicht allein! Dieser Mensch war für mich zu einem Engel geworden, der mich nicht fallen ließ. Rückwirkend empfinde ich eine tiefe Dankbarkeit zu beiden Engeln. Mein Leben wäre sonst in eine verkehrte Richtung gegangen. Für mich gibt es seitdem die hellen und die dunklen Engel. Seit dieser Erfahrung hat das Gedicht von Rudolf Otto Wiemer eine ganz besondere Bedeutung für mich bekommen:«

ES MÜSSEN NICHT MÄNNER MIT FLÜGELN SEIN

Es müssen nicht Männer mit Flügeln sein,
die Engel.
Sie gehen leise, sie müssen nicht schrein,
oft sind sie alt und häßlich und klein,
die Engel.

Sie haben kein Schwert, kein weißes Gewand,
die Engel.
Vielleicht ist einer, der gibt dir die Hand,
oder er wohnt neben dir, Wand an Wand,
der Engel.

Dem Hungernden hat er das Brot gebracht,
der Engel.
Dem Kranken hat er das Bett gemacht,
und er hört, wenn du ihn rufst, in der Nacht,
der Engel.

Er steht im Weg und er sagt: Nein,
der Engel,
groß wie ein Pfahl und hart wie ein Stein –
es müssen nicht Männer mit Flügeln sein,
die Engel.

Rudolf Otto Wiemer

Die Engel-Energien und das Engel-Mandala

Die große Vielfalt der 52 Engel-Kräfte, von denen ich soeben berichtet habe, kann auch um die vier Erzengel angeordnet werden. Die Namen dieser Engel und deren Bedeutung lauten:

MICHAEL (»Wer ist wie Gott«)
GABRIEL (»Die Stärke [oder Zeugungskraft] Gottes«)
RAPHAEL (»Gott heilt«)
URIEL, »PHANUEL« genannt (»Gott ist Licht« oder »Licht Gottes«)

Übertragen wir diese großen Engelgestalten einmal auf die spirituelle Grundbefindlichkeit des Menschen (ohne sie darin aufzulösen), dann wäre MICHAEL die Personifikation und der Mittler für die Gottesbeziehung, GABRIEL das Symbol für die Gotteskraft oder die göttlichen Energien, RAPHAEL repräsentiert die spirituellen Heilenergien und URIEL das göttliche Licht. In meiner tiefenpsychologischen Deutung setze ich für die vier Engelkräfte einmal moderne Worte ein: Spiritualität (für MICHAEL), Lebenskraft (für GABRIEL), Heilung (für RAPHAEL), Bewußtwerdung und Erleuchtung (für URIEL).

Die Spiritualität unter der Schirmherrschaft des Erzengels Michael ist hier als geistiges Bemühen um eine Rückbindung zu Gott (»Re-ligion«) zu verstehen. Michael hilft auch in dem geistigen Kampf mit dem Bösen und Zerstörerischen sowie in der Auseinandersetzung mit Krankheiten und seelischen Neurosen. Das Schwert des Michael ist für mich zugleich auch ein Symbol für das geistige Ringen des Menschen um Erkenntnis und Klarheit. Das Ergebnis derartiger geistiger Kämpfe kann als Inspiration angesehen werden, indem jemand seinen schöpferischen Gedanken oder seine kreativen Taten auf die Einwirkung eines Engels zurückführt.
Folgende Engel-Karten können wir Michael zuordnen und damit die Engel-Kräfte, die von ihm ausgehen, lebensnah erfassen:

> Begeisterung, Gehorsam, Kreativität, Tüchtigkeit, Zielstrebigkeit,
> Spontaneität, Inspiration, Humor, Frieden, Vergebung, Verantwortung, Glaube, Hingabe.

Anregungen zur Reflexion oder Meditation:
Wenn Sie einige Engel-Worte aus dem Energiefeld von Michael angesprochen haben, dann können Sie diese einmal als Vorgabe für die persönliche Meditation verwenden. Sie können sich natürlich auch von diesen Begriffen inspirieren lassen und sich dadurch Ihre persönliche Vorstellung über den Erzengel Michael machen.

Die Engel-Worte zu dem Energiefeld von Gabriel lauten:

> Kraft, Macht, Erwartung, Bereitschaft, Abenteuer,
> Anmut, Verständigung, Freude, Geburt,
> Zärtlichkeit, Brüderlichkeit, Entzücken, Fülle.

Hier finde ich mein Engel-Wort Entzücken wieder. Auch die hier genannte Brüderlichkeit hat für mich eine tiefe Bedeutung, wie ich bei meinem Traum von dem Bruder-Engel ausgeführt habe. Nach dem heutigen Sprachgebrauch müßten wir Brüderlichkeit sicherlich besser mit Geschwisterlichkeit übersetzen. Zu der Zärtlichkeit des Engels habe ich im Kapitel über die Erotik der Engel ein Zeugnis des Propheten Mohammed gebracht, der bezeugt, von seinem Engel zärtlich geführt und von ihm zwischen die Augen geküßt zu werden. Aus den biblischen Texten erfahren wir, daß der Engel Gabriel in großer Kraft und Macht zu Maria kommt und ihr die Geburt des kommenden Heilandes ankündigt.

Die Engel-Worte, die wir dem Erzengel Uriel zuordnen können, lauten:

Verständnis, Ehrlichkeit, Vertrauen, Loslassen,
Offenheit, Einfachheit, Bildung, Wahrheit,
Licht, Klarheit, Umwandlung, Dankbarkeit, Freiheit.

Ich habe die Engel-Worte aus folgendem Grunde jeweils in drei Gruppen angeordnet. In der ersten Zeile sind jeweils diejenigen Engel-Worte zusammengefaßt, die eine Annäherung an das Energiefeld des jeweiligen Erzengels ermöglichen. Auch die Bereitschaft zur Begegnung mit dem Engel und die rechte Einstellung können sich in diesen Engel-Worten widerspiegeln. Wer also etwas von der Erleuchtung, die von dem Engel Uriel ausgeht, für seine persönliche Bewußtwerdung erfahren will, bedarf dazu eines großen Vertrauens und vor allem einer Ehrlichkeit sich selber gegenüber. Es geht darum, alte Vorstellungen und Lebensmuster loszulassen, um ein neues Verständnis für die geistige Welt und das eigene Leben zu gewinnen.
Die Engel-Worte in der zweiten Zeile beschreiben gefühlsmäßige Wahrnehmungen oder einen besonderen Aspekt der Betroffenheit, der durch die Begegnung mit einem Engel ausgelöst werden kann. Die Lichterfahrungen, die häufig mit der Begegnung

mit einem Engel verbunden sind, lassen eine tiefe Wahrheit ans Licht kommen, die vorher durch die Unbewußtheit verdeckt war. Die Erscheinung eines Engels führt zu einer Offenheit, die zuvor durch die Unbewußtheit nicht möglich war. Durch die Begegnung mit einem Engel wird eine Bildung möglich, die das wahre Selbstbild des Menschen in das Licht des Bewußtseins rückt.
In der dritten Zeile habe ich jeweils bei den vier Energiefeldern der Erzengel jene Engel-Worte zusammengefaßt, die so etwas wie ein Ergebnis oder eine Zielorientierung für die weitere Entwicklung mit Hilfe der spirituellen Engel-Energien ermöglichen. Bei dem Erzengel Uriel ist es die Umwandlung der persönlichen Unbewußtheit und Dunkelheit in Licht und Klarheit. Die Folge sind eine bisher nicht gekannte Freiheit und eine tiefe Dankbarkeit.

Die Engel-Worte, die wir dem Erzengel Raphael zuordnen können, lauten:

Geduld, Mitgefühl, Reinigung, Liebe, Heilung
Beweglichkeit, Mut, Ausgeglichenheit, Spiel
Integrität, Harmonie, Schönheit, Synthese.

Auch diese Engel-Worte können uns zahlreiche Anregungen geben für die persönliche Ganzwerdung und Heilung. Daß dazu viel Geduld nötig ist, versteht sich wohl von selbst. Wer als Seelsorger, Berater oder Therapeut andere Menschen auf diesem Wege begleitet, benötigt dazu viel Mitgefühl und Liebe. Wenn der Prozeß der Heilung beginnt, können wir eine neue Ausgeglichenheit erleben und eine Beweglichkeit sowie eine Lebendigkeit, die in dem alten Zustand einer Krankheit oder Neurose so nicht gegeben war. Manchem könnte es merkwürdig erscheinen, warum ich gerade an dieser Stelle das Engel-Wort »Mut« eingefügt habe. Nach meiner Erfahrung gehört zu dem Weg der Heilung und der Ganzwerdung viel Mut. Es macht mich immer wieder betroffen und sehr nachdenklich, wenn viele Menschen, die ich bisher auf dem Wege der Heilung begleitet habe, anscheinend lieber in den vertrauten und neurotischen Lebensmustern verharrten, als sich mit Lebensmut auf den Weg zu neuen Lebensmöglichkeiten aufzumachen.

Das Ergebnis und das Ziel der Heilung wird mit den Engel-Worten Integrität und Synthese beschrieben. Die Spannungen und Gegensätze, die zuvor einem Menschen zu schaffen machten oder ihn sogar in eine Krankheit trieben, werden im Prozeß der Heilung überwunden, und man erfährt eine nicht gekannte Harmonie. Mit großer Dankbarkeit und Erstaunen erlebe ich immer wieder, wenn Menschen ihrer Ganzwerdung und Heilung nahekommen, daß sie dann schöner aussehen. Gesichter, die zuvor von Angst und Furcht durch-furcht waren, bekommen einen neuen Glanz und eine wunderbare Ausstrahlung. Wahre Heilung macht den Menschen wieder schön.

Zum Abschluß möchte ich Sie anregen, selber mit den Engel-Karten kreativ zu arbeiten. Bei dem wiedergegebenen Mandala finden Sie eine Adresse, wo Sie diese Engel-Kärtchen bestellen können (auch über Ihre Buchhandlung). Wenn Sie in einer bestimmten Lebenssituation oder bei einem bestimmten Problem oder einer Lebensfrage die Unterstützung durch ein Engel-Wort suchen, dann können Sie Ihre Engel-Kärtchen auf einem Tuch verdeckt ausbreiten und dann nach der Meditation ein Engel-Kärtchen auswählen. Diese Erfahrungen können Sie auch in einer Gruppe ausprobieren oder bei einer Familienfeier, wenn es darum geht, einen geistigen Impuls oder eine Anregung für das weitere Gespräch vorzuschlagen. Ihren kreativen Ideen sind im Umgang mit den Engel-Kärtchen keine Grenzen gesetzt.

Nun möchte ich Ihnen mein Engel-Mandala vorstellen und zeigen, wie ich die Engel-Worte zu dem Erzengel Raphael in einem Mandala angeordnet habe. Ähnlich können Sie es auch mit den anderen Engel-Kärtchen zu den anderen Erzengeln ausprobieren.

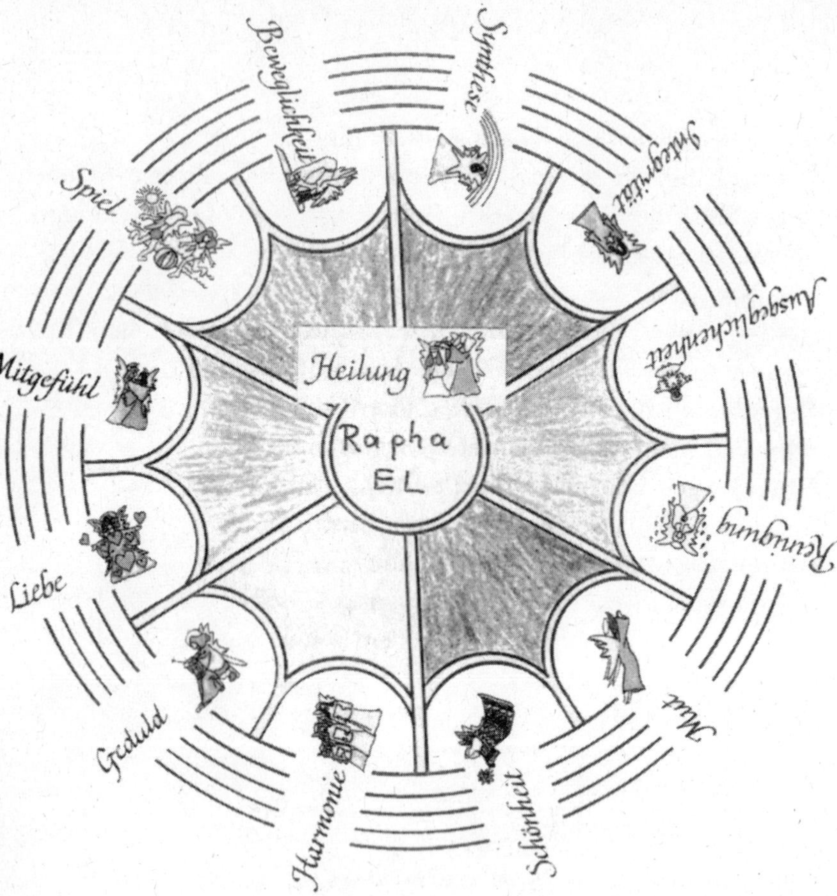

Mandala mit Engelkarten

Mandala mit Engelkarten

Auf dem Mandala, dessen Mittelpunkt der Erzengel Raphael ist, habe ich aus den 52 Engelkarten von Findhorn jene ausgewählt, die nach meinen Erfahrungen mit dem wichtigen Thema der Heilung etwas zu tun haben. Raphael ist der Heilengel. Von ihm gehen die verschiedenen Farbschwingungen aus zu den umliegenden 12 Engelworten. Sie sind jetzt eingeladen, sich Ihre eigenen Gedanken darüber zu machen, was im einzelnen die ausgewählten Begriffe für Sie und Ihre Sehnsucht nach Ganzwerdung und Heilwerdung bedeuten könnten.
Wenn Sie der kreative Umgang mit den Engel-Karten anspricht, können Sie auch selber ein Mandala .gestalten und dazu die anderen Engelkarten einem Erzengel zuordnen.

Hinweis:
Engel-Meditationskarten

Die Engelkarten wurden von Joy Drake und Kathy Tyler während ihres Aufenthaltes in der Findhorn-Gemeinschaft als Teil eines Brettspiels (Spiel der Wandlung) zur Erforschung des Bewußtseins entwickelt. Die Engelkarten enthalten Schlüsselbegriffe, die Ihnen helfen, sich auf bestimmte Aspekte des inneren Selbst zu konzentrieren. Je mehr Sie über eine der Qualitäten auf den Karten nachdenken, um so mehr werden Sie feststellen, wie diese Eigenschaft sich in Ihrem Leben widerspiegelt, handle es sich nun um Freiheit, Armut, Humor oder um einen anderen der 52 Begriffe.
Wir nennen sie »Engel«-Karten, weil sie die Quelle der inneren Kraft in uns darstellen. Über sie zu meditieren führt zu Einsicht, zu größerem Verständnis und hilft uns, Hindernisse zu überwinden und neue Wege zu gehen.
Man kann eine Karte zu Beginn eines neuen Lebensabschnitts oder Vorhabens ziehen, oder wenn man eine bestimmte Aufgabe in Betracht zieht, ein Problem zu lösen hat oder einfach, um sich für eine bestimmte Zeit eine bestimmte Ausrichtung zu geben. Je klarer

das Ziel und je konkreter die Ausrichtung, um so wirkungsvoller wird die Wahl der Engelkarte sein.

Vertrieb der Engelkarten und des Spiels der Wandlung durch
Greuthof Verlag und Vertrieb GmbH
Herrenweg 2, D-79261 Gutach i.Br.
Tel. 07681-6025 Fax 07681-6027

Affirmationen und Engel-Worte für Erwachsene und Kinder

Wenn Sie für sich persönlich für eine bestimmte Lebenssituation eine ermutigende Affirmation oder für Kinder, die Sie als Eltern oder Lehrer/Lehrerinnen begleiten, einen guten Leitgedanken suchen, finden Sie für diese Anlässe hier eine Zusammenstellung. Ich hoffe, daß auch für Sie ein ermutigender Satz dabei ist. Wenn Sie durch die eine oder andere Affirmation persönlich besonders angesprochen werden, können Sie diese Botschaft tiefer in sich aufnehmen, wenn Sie sich in der Freizeit etwas Zeit zur Meditation nehmen und dann die entsprechende Affirmation mindestens viermal wiederholen und sich dadurch die Botschaft tiefer einprägen. Sie sollten etwas Geduld haben, und nicht meinen, daß gleich bei dem einmaligen Versuch eine besondere Wirkung eintritt.
Neben den Affirmationen finden sich hier auch zahlreiche Aussprüche über Engel von meinen Klienten und Patienten sowie von vielen anderen Menschen, mit denen ich in den letzten Jahren über Engel sprach. Vielleicht wird der eine oder der andere Ausspruch auch für Sie zu einer Botschaft der Engel, die Sie zu trösten vermag und Ihrem Leben ein Stück Sinn vermitteln kann.

Affirmationen für Erwachsene

Ich strebe danach, daß mein Leben ganz und meine Seele rund und schön wird

❄

Meine Begeisterung und meine Spiritualität erwecken zärtliche Gefühle für Menschen oder Dinge

❄

Im Angesicht des Engels erkenne ich mein Selbstbild

❄

Der Gleichklang mit meinem Engel macht mich glücklich

❄

Ich atme die Schönheit des Engels ein
und seine Zärtlichkeit aus

❄

Ich öffne mich für die göttliche Spiritualität

❄

Mein Engel stärke meine Lebensfreude

❄

Befiehl Deinen Engeln,
daß sie mich behüten auf allen meinen Wegen

Ich will meinen Nächsten mit den Augen des Engels sehen

❄

Ich lenke meine Gedanken und Schritte engelwärts und hoffe,
daß mir ein Engel entgegenkommt

❄

Mein Schutzengel gibt mir die Kraft,
den Selbstmordgedanken zu widerstehen

❄

Ich will nicht schneller Auto fahren
als mein Schutzengel fliegen kann

❄

Mit meinem Engel kann ich um die Ecke sehen

❄

Mein Engel gebe mir die Erlaubnis zu neuem Tun

❄

Im Energiefeld des Engels kann ich ruhig atmen

❄

Mit Hilfe des Engels finde ich Frieden mit mir
und meinem Leben

❄

Der Engel vertreibe meine zwanghaften Gedanken

Der Engel verwandle meine Hartherzigkeit
in liebevolle Gedanken

❄

Ich werde gut schlafen, weil der Engel mich deckt

❄

Mein Engel erwecke und befreie
meine schöpferischen Potentiale

❄

Der Engel durchlichte meine trüben Gedanken

❄

Mit Hilfe meines Engels traue ich wieder dem Leben

❄

Der Engel erinnere mich an meine göttliche Herkunft

❄

Durch meinen Engel weiß ich, daß ich wertvoll bin

❄

Der Engel stärke meinen Selbstwert

❄

Mit Hilfe meines Engels lerne ich wieder lieben

❄

Mein Engel führe mich zu meiner Mitte

Engelworte für Erwachsene

Wenn mein Engel bei mir ist,
bin ich vielen Situationen besser gewachsen

❄

Mein Engel inspiriert mich und bringt mich auf neue Ideen

❄

Mit dem Engel überschreite ich
die engen Grenzen meines Lebens

❄

Wenn mein Engel hinter mir steht,
habe ich den Rücken frei

❄

Mein Engel verschafft mir die Freiheit,
mich neu zu entscheiden

❄

Mit meinem Engel bin ich liebenswert

❄

Mein Engel aktiviert die Selbstheilungskräfte meiner Seele

❄

Wenn ich meinem Engel nahe bin,
bin ich auch mir selbst nahe

Wenn ich mit den Engeln gehe, geht's mir gut

❄

Durch die Inspiration meines Engels
werden die Traumbilder der Nacht zu Lebensplänen
für den Tag

❄

Mein Engel führt mich zur Heilquelle in meiner Seele

❄

Mit meinem Engel kann ich Ketten sprengen und über die
Mauer springen

❄

Durch meinen Engel fühle ich die kosmischen Schwingungen

❄

Der Engel macht mein inneres Wissen bewußt

❄

Mein Engel erweckt in mir ein zärtliches Gefühl

❄

Der Engel führt mich zur Weisheit des Herzens

Affirmationen und Engelworte für Kinder

Schutzengel, bitte, begleite mich!

❄

Engel, sei mein guter Geist!

❄

Mit meinem Engel wird alles gut!

❄

Meine Engel sind meine Geschwister im Himmel

❄

Mit meinem Engel erlebe ich Wunder

❄

Mit meinem Engel schaffe ich es gut

❄

Mein Engel gibt mir Mut

❄

Mein Engel ist mein Sonnenschein

❄

Mit meinem Engel bin ich nicht mehr allein

Mit meinem Engel fühle ich mich stark

❄

Mit meinem Engel wachse ich manchmal
über mich hinaus

❄

Der Engel bringt mir Gutes

❄

Gott, befiehl Deinen Engeln,
daß sie mich behüten auf allen Wegen!

❄

Wenn ich keinen habe, der mich versteht, dann spreche ich mit meinem Engel

Anrufungen, Engel-Gebete, Meditationen

Empfehlungen für den Umgang mit den Engel-Texten

Die folgenden Texte sind zur persönlichen Meditation oder zum persönlichen Umgang mit den Engeln gedacht. Es sind Texte von Dichtern, aus der geistlichen Dichtung und aus dem Bereich der spirituellen Literatur. Ich habe lange abgewogen, ob ich diese Texte zwischen die verschiedenen Kapitel des Buches einfügen oder sie gesammelt und zusammenhängend in ein letztes Kapitel nehmen sollte. Dazu habe ich mich schließlich entschieden, um alle vorgeschlagenen Texte für den persönlichen Gebrauch beisammen zu haben. Wenn Sie sich einmal mit Hilfe von Texten mit Engeln beschäftigen möchten, empfehle ich Ihnen, spontan denjenigen Text auszuwählen, der Sie persönlich anspricht. Vermutlich ist Ihnen das eine oder andere Gedicht sogar vertraut, so daß Sie für Ihre Beschäftigung mit Engeln auf schon Bekanntes zurückgreifen können.
Gelegentlich höre ich auch, daß jemand sagt, so ein ähnliches Symbol schon einmal geträumt zu haben. Wo auch immer die Quellen für schöne Engelworte zu suchen sein mögen, ob in der schöpferischen Phantasie eines Dichters oder in der persönlichen Imagination sowie in einem Traum, für den meditativen Umgang mit solchen Texten erscheint es mir wichtig, durch die Sprachbewegungen eines Textes angerührt zu werden und dadurch den Mut zu finden, einige Schritte mit den Engeln zu gehen. Ich

wünsche Ihnen persönlich anregende Eindrücke und vielleicht sogar eine spirituelle Erfahrung mit einem der folgenden Texte. Damit verabschiede ich mich von Ihnen mit dem Wunsch, daß die berichteten Erfahrungen mit Engeln und meine tiefenpsychologischen Deutungen unsere spirituellen Begleiter auch für Sie in ein neues Licht gerückt haben. Möge Ihnen in mancher dunklen Stunde Ihres Lebens ein Schutzengel zur Seite stehen oder vorangehen! In Tagen der Niedergeschlagenheit oder bei Krankheiten rufen Sie den Heiligen Raphael, der Ihnen den Rücken stärkt. Im Berufskampf oder bei aggressiven Auseinandersetzungen stehe Ihnen Michael mit dem Schwert zur rechten Seite. Um die Botschaften des Herzens besser zu verstehen und auf Ihre innere Stimme zu hören, stehe Ihnen der Botschaftsengel Gabriel zur Linken. Damit haben Sie für die persönliche Ausrichtung, ähnlich wie bei der Orientierung nach den vier Himmelsrichtungen, die Engel als spirituelle Begleiter um sich. Ich ermutige Sie, bei besonderen Ereignissen Ihre Schritte engelwärts zu lenken und ein Stück des Weges mit den Engeln zu gehen!

Ich habe noch folgende Bitte: Wenn Sie Kritik an meinen Ausführungen haben oder an der einen oder anderen Stelle Ergänzungen und Verbesserungsvorschläge machen wollen, schreiben Sie diese an den Kösel-Verlag. Ich wäre auch daran interessiert, von Ihren Erfahrungen mit Engeln zu hören.
Schließlich können Sie über den Verlag auch von meinen Seminaren über spirituelle Erfahrungen mit Engeln und über »Die Heilkräfte im Lebensbaum« (siehe auch mein gleichnamiges Buch) sowie meine Kassetten zu den genannten Themen etwas erfahren.

Bitte schreiben Sie an:

Dr. Helmut Hark c/o Kösel-Verlag
Flüggenstraße 2
D-80639 München

VON GUTEN MÄCHTEN

Von guten Mächten treu und still umgeben,
behütet und getröstet wunderbar,
so will ich diese Tage mit euch leben
und mit euch gehen in ein neues Jahr.

Noch will das alte unsre Herzen quälen,
noch drückt uns böser Tage schwere Last,
ach, Herr, gib unsern aufgescheuchten Seelen
das Heil, für das Du uns bereitet hast.

Und reichst Du uns den schweren Kelch, den bittern
des Leids, gefüllt bis an den höchsten Rand,
so nehmen wir ihn dankbar ohne Zittern
aus Deiner guten und geliebten Hand.

Doch willst Du uns noch einmal Freude schenken
an dieser Welt und ihrer Sonne Glanz,
dann wolln wir des Vergangenen gedenken,
und dann gehört Dir unser Leben ganz.

Laß warm und still die Kerzen heute flammen,
die Du in unsre Dunkelheit gebracht,
führ, wenn es sein kann, wieder uns zusammen.
Wir wissen es, Dein Licht scheint in der Nacht.

Wenn sich die Stille nun tief um uns breitet,
so laß uns hören jenen vollen Klang
der Welt, die unsichtbar sich um uns weitet,
all Deiner Kinder hohen Lobgesang.

Von guten Mächten wunderbar geborgen,
erwarten wir getrost, was kommen mag.
Gott ist mit uns am Abend und am Morgen
und ganz gewiß an jedem neuen Tag.

Dezember 1944

Dietrich Bonhoeffer

RAPHAEL HEILE DIE ERDE

Heile die Erde,
die durch die böse Macht verderbt wurde,
verkünde der Erde Heilung,
auf daß ihre Leiden gewendet werden.

Henoch 6

RAPHAEL HEILE MICH

Raphael, mein Engel-Freund,
heile meine Seele!
Gib, daß ich nicht fehle,
wo ich zupacken und handeln sollte.

Raphael, mein Engel-Freund,
führe mich zum Fluß!
Wenn im Traum sich zeigt der Fisch,
daß er mir nicht entwisch'.

Raphael, mein Seelen-Freund,
öffne meine blinden Augen,
die oftmals nicht dazu taugen
zu schauen, was sich zeigt
zu meinem Heil und meiner Freud.

Helmut Hark

Bleibt ihr Engel,
bleibt bei mir!
Führet mich
auf beiden Seiten,
Daß mein Fuß nicht
möge gleiten.
Aber lernt mich auch
allhier,
Euer großes Heilig
singen,
Und dem Höchsten
Dank zu bringen

Bach-Kantate Nr. 19
zum Michaelisfest

LOBPREIS DER ENGEL

Preis euch, heilige Engel, Hüter der Völker,
deren Gebilde in eurem Antlitz sich spiegelt,
Erzengel euch,
die ihr die Seelen der Heiligen traget empor,
euch, Kräfte und Mächte und Fürstentümer,
Herrschaften, Throne,
die zum Geheimnis der Fünfzahl
ihr schließt den heiligen Ring,
und euch Seraphim,
die Siegel ihr seid der Geheimnisse Gottes,
leuchtende Kerubim, flammende Seraphim,
Lobpreis sei euch!

Hildegard von Bingen

GEBET EINES ENGELS

Schöpferkraft, fließendes Licht,
Unversiegbare Quelle des Trostes.
Ewiger Gott, allmächtiger Vater,
Im Reichtum
Deiner Herrlichkeit
Bin ich geborgen, geborgen in Dir.
Schöpferkraft, fließendes Licht,
Unversiegbare Quelle der Hoffnung,
Ewiger Gott, allmächtiger Vater,
Deine göttliche Liebe
Durchströmt mein Wesen
Im Reichtum Deiner Herrlichkeit.
Das Sehnen nach Dir
Ist Licht in mir,
Ist Heilung und Freude,
Ist Hoffnung und Gnade.

Ist Glaube, ist Leben.
Die Schwingung Erbarmen
Erleuchtet mein Wesen.
Mein Sein in Dir
Ist ewiges Licht,
Ewige Hoffnung
Durchströmt mein Wesen,
Und es wächst hinein
In Deine Ewigkeit

Silvia Wallimann

O Herr, gib jedem seinen eignen Tod,
das Sterben, das aus jenem Leben geht,
darin er Liebe hatte, Sinn und Not.

Denn wir sind nur die Schale und das Blatt.
Der große Tod, den jeder in sich hat,
das ist die Frucht, um die sich alles dreht.

Denn dieses macht das Sterben fremd und schwer,
daß es nicht unser Tod ist; einer, der
uns endlich nimmt, nur weil wir keinen reifen;
drum geht ein Sturm, uns alle abzustreifen.

Rainer Maria Rilke »Stundenbuch«

Führe Du, mildes Licht, im Dunkel, das mich umgibt,
führe Du mich hinan!
Die Nacht ist finster, und ich bin fern der Heimat:
führe Du mich hinan!
Leite Du meinen Fuß – sehe ich auch nicht weiter:
wenn ich nur sehe jeden Schritt.

Einst war ich weit, zu beten, daß Du mich führest.
Selbst wollt' ich wählen.
Selbst mir Licht, trotzend dem Abgrund,
dachte ich meinen Pfad zu bestimmen,
setzte mir stolz das eigene Ziel.
Aber jetzt – laß es vergessen sein.

Du hast so lang mich behütet – wirst mich
auch weiter führen: über sumpfiges Moor,
über Ströme und lauernde Klippen,
bis vorüber die Nacht
und im Morgenlicht Engel mir winken.
Ach, ich habe sie längst geliebt –
nur vergessen für kurze Zeit.

Kardinal John Henry Newman

...
Da trat ein nackter engel durch die pforte:

Entgegen trug er dem versenkten sinn
Der reichsten blumen last und nicht geringer
Als mandelblüten waren seine finger
Und rosen · rosen waren um sein kinn.

Auf seinem haupte keine krone ragte
Und seine stimme fast der meinen glich:
Das schöne leben sendet mich an dich
Als boten: während er dies lächelnd sagte

Entfielen ihm die lilien und mimosen –
Und als ich sie zu heben mich gebückt
Da kniet auch Er · ich badete beglückt
Mein ganzes antlitz in den frischen rosen.

Stefan George

ARGWOHN JOSEPHS

Und der Engel sprach und gab sich Müh
an dem Mann, der seine Fäuste ballte:
»Aber siehst du nicht an jeder Falte,
daß sie kühl ist wie die Gottesfrüh?«

Doch der andre sah ihn finster an,
murmelnd nur: »Was hat sie so verwandelt?«
Doch da schrie der Engel: »Zimmermann,
merkst du's noch nicht, daß der Herrgott handelt?

Weil du Bretter machst, in deinem Stolze,
willst du wirklich den zur Rede stell'n,
der bescheiden aus dem gleichen Holze
Blätter treiben macht und Knospen schwell'n?«

Er begriff. Und wie er jetzt die Blicke,
recht erschrocken, zu dem Engel hob,
war der fort. Da schob er seine dicke
Mütze langsam ab. Dann sang er Lob.

Rainer Maria Rilke

DIE KLAGE DEINES ENGELS

O wüßtest du,
wie sehr dein Antlitz sich verändert,
wenn du mitten in dem Blick,
dem stillen reinen, der dich mir vereint,
dich innerlich verlierst und von mir kehrst!
Wie eine Landschaft, die noch eben hell,
bewölkt es sich und schließt mich von dir aus.
Dann warte ich.
Dann warte schweigend ich oft lange.
Und wäre ich ein Mensch wie du,
mich tötete verschmähter Liebe Pein,
so aber gab unendliche Geduld
der Vater mir,
und unerschütterlich erwarte ich dich, wann immer du kommst.
Und diesen sanften Vorwurf selber nimm als Vorwurf nicht,
als keusche Botschaft nur.

Christian Morgenstern

DER ENGEL DER FREUDE

Die Himmel lächeln, die Erde feiert,
die Morgensterne singen im Chor,
und alle Kinder des Lichts jubeln vor Freude.

O singe dem Himmelsvater ein neues Lied:
Sing es der Erdenmutter, der ganzen Erde.
Laß die Himmel sich freuen und die Erde froh sein,
laß die Meere brausen und die Fülle des ewigen Lebens.
Laß das Feld sich freuen und alles, was darauf wächst;
dann werden alle Bäume des Waldes
vor dem Heiligen Gesetz frohlocken.
Singet dem Himmelsvater voll Freude,
all ihr Himmel der Himmel,
und ihr Wasser, die über ihnen sein mögen,
all ihr Berge und Hügel,
ihr stürmischen Winde, die sein Wort erfüllen,
fruchtbare Bäume und alle Zedern,
Rinder und alles Vieh,
Kriechtiere und Flughühner,
Könige der Erde und alle Menschen,
Prinzen und alle Richter der Erde,
junge Männer und Frauen,
alte Menschen und Kinder.
Singet dem Herrn mit der Harfe
und stimmt an einen Psalm.
Mit Trompeten und dem Klang der Pfeifen,
macht freudige Klänge vor den Engeln.
Laßt die Fluten in die Hände klatschen,
laßt die Hügel froh beisammen sein vor dem Herrn.
Macht freudige Musik dem Herrn, all ihr Länder.
Dient dem Himmelsvater und der Erdenmutter
mit Fröhlichkeit und Freude:
zeigt euch vor ihnen mit Gesang.
Der Geist des Heiligen Gesetzes ist über mir,
weil die Ältesten mich salbten,
um frohe Nachrichten den Demütigen zu bringen.
Sie sandten mich,
um die gebrochenen Herzen zu verbinden,

den Sklaven Freiheit zu verkünden,
und die Öffnung der Gefängnisse den Gefangenen;
alle Trauernden zu trösten,
ihnen den heiligen Engel der Freude zu senden,
ihnen Schönheit für Asche zu geben,
das Öl der Freude für die Trauer,
das Kleid des Lichtes für den Geist der Schwere;
denn das Weinen mag eine Nacht dauern,
doch die Freude kommt am Morgen.
Die Leute, die in der Dunkelheit gehen,
sollen großes Licht sehen,
und auf jene, die im Land des Todesschattens leben,
soll das Licht des Heiligen Gesetzes scheinen.
Fallt herunter, ihr Wolken,
und laßt die Himmel ihr Glück ausschütten,
laß traurige Menschen in Freude weggehen
und vom Frieden leiten:
Laß die Berge und Hügel
vor ihnen singen,
daß sie an der heiligen Feier teilnehmen,
und von den Früchten des Lebensbaumes essen,
der im Meer der Ewigkeit steht.
Ihnen soll die Sonne nie mehr nur Tageslicht sein.

Gebet der Essener

ICH SPRECHE ZU DEN ENGELN MEINER ERWACHSENEN KINDER

Ich spreche zu den Engeln meiner erwachsenen
Kinder:
Folgt ihr ihnen immer noch?
Tragt ihr ihre Wünsche in euren Händen?
Wißt ihr etwas von ihrer Einsamkeit, die voll
innerer Kämpfe ist?

Und wenn sie euch und das Leben verneinen,
wendet ihr euch ab und weint,
aber bleibt doch?

Sie brauchen euch,
mehr als früher, als sie noch klein waren,
sie brauchen euch verzweifelt,
denn die Jugend ist die schwerste Zeit.
Alles soll auf eigenes Risiko entschieden werden,
man soll sich losreißen,
alles selbst durchdenken,
will nichts wissen von Engeln.

O, ihr Engel meiner erwachsenen Kinder!
Eine Mutter darf nicht länger eingreifen.
Aber ihr dürft.
Eine Mutter kann nicht länger Rat geben,
aber eure Weisheit kommt von Gott.

Haltet aus an der Seite meiner erwachsenen
Kinder,
ihr Engel.
Helft ihnen, im Dickicht zu wandern,
den rechten Weg zu finden,
ihren einzigen Weg.

Viola Renvall

Miniatur aus dem Brevier der Heiligen Hildegard, 12. Jh.

Miniatur aus dem Brevier der Heiligen Hildegard, 12. Jh.

Die Welt der Engel ruht im Rund der kreisenden, schwingenden Chöre von geistigen Wesen, voller Augen und lauter Flügel, die in immer dichter werdender, sich stetig steigernder Fülle ins Unendliche schwingen. Im innersten Grund dieser kreisenden Chöre aber wird nun eine weiße Scheibe sichtbar: undurchdringlich, unaussprechlich – die unsagbar eindrucksvolle Fülle göttlicher Mitte.

Die kreisrunde Anordnung kann auch als Mandala bezeichnet werden. Das Wort kommt aus dem Sanskrit und bedeutet Kreis. Es wird als Meditationshilfe benutzt und lenkt die Gedanken und Sinne durch die verschiedenen Ebenen hin zur Mitte und zu Gott. In vielen Kirchenfenstern und Kathedralen finden wir die Rosenfenster, die den betrachtenden Gläubigen zur Mitte führen können. Außer zur Meditation werden die Mandalas bei Schamanen und von Therapeuten zur Heilung verwendet. Sie helfen, das psychische Chaos zu ordnen und die Selbstheilungskräfte der Seele zu strukturieren.

KOMM ENGEL

Komm Engel
treib uns
ins Paradies

Dort sind wir
zwei winzig
kleine Blumen

Rose Ausländer

Anhang

Anmerkungen

Die Erotik der Engel

1 R. May: Der verdrängte Eros. Hamburg 1970
W. Schubart: Religion und Eros, hrsg. v. F. Seifert. München 1978

2 E. Neumann: Amor und Psyche. Walter, Olten 1971. Leider ist mir derzeit die Quelle der Nacherzählung nicht auffindbar. – Der im Märchen genannte Zephir ist der Westwind als Symbol eines Geisthauches und der erotischen Begeisterung.

3 E. Neumann, a.a.O., S. 87

4 E. Neumann, S. 120

5 Zit. bei P.L. Wilson: Engel. Kohlhammer, Stuttgart 1981, S. 135 f.

6 Wilson, S. 105

7 C.G. Jung: Aion, Untersuchungen zur Symbolgeschichte, GW 9.II
Lexikon Jungscher Grundbegriffe, hrsg. v. H. Hark. Walter, Olten 1990, Art. Anima u. Animus

8 H. Hark: Religiöse Neurosen. Ursachen und Heilung. Kreuz, Stuttgart 1990, 3. Aufl.

9 G. Benedetti: Psychodynamik der Zwangsneurose, Darmstadt 1978

10 F. Holböck: Vereint mit den Engeln und Heiligen, s. Lit.-Verz.
G. Parrinder: Sexualität in den Religionen der Welt, s. Lit.-Verz.
H. Schipperges: Die Engel im Weltbild Hildegards von Bingen. In: Verbum et Signum Bd. 2, hrsg. v. H. Fromm et al. München 1975

Die Engel der Bibel

1 G. Adler: Erinnerungen an die Engel. Herder Tb. 1245, 1986
Darin von S. 170–178 ein ausführliches Literaturverzeichnis.
C. Westermann: Gottes Engel brauchen keine Flügel, Kreuz, Stuttgart 1980

F. Stier: Gott und sein Engel im Alten Testament, Münster 1934
M. Mach: Entwicklungsstadien des jüdischen Engelglaubens in vorrabinischer Zeit. Mohr, Tübingen 1992

2 Genesis 16,7 nach der ökumenischen Einheitsübersetzung, Herder Freiburg 1984. Wenn keine andere Übersetzung erwähnt wird, ist stets dieser Text zitiert.

3 Zit. bei A.C. Gaebelein: Die Welt der Engel, Christl. Verlag, Dillenburg 1986, S. 18

4 Eine tiefenpsychologische Deutung dieser numinosen Gestalt oder dieses »Engels« gebe ich in meinem Buch: Der Traum als Gottes vergessene Sprache, S. 35-63

5 F. Nötscher: »Das Angesicht Gottes schauen«. Wissenschaftliche Buchgesellschaft, Darmstadt 1969

6 Genesis 48,15 f. – G.v.Rad merkt zu diesem Engel an, daß damit Gott selbst in seiner irdischen Erscheinungsform gemeint sei, in: Das erste Buch Mose (Altes Testament Deutsch), 1953, S. 364 f.

7 Matthäus 1, Lukas 1 u. 2

8 Matthäus 4

9 Lukas 16,22

10 Lukas 20, 35 f.

11 Lukas 22,43

12 Johannes 5,3

13 H. Hark: Jesus der Heiler. Eine tiefenpsychologische und therapeutische Deutung der biblischen Heilungsgeschichten. Walter, Olten 1991, 2. Aufl.

14 Apostelgeschichte 7,53

15 Apostelgeschichte 6,15

16 Jesaja 63,9; F. Notscher: »Das Angesicht Gottes schauen«

17 Die Traumgesichte von Kornelius und Petrus. In: H. Hark: Der Traum als Gottes vergessene Sprache, S. 128-142

18 Exodus 23,20

19 Genesis 48,16. Das hier verwendete hebräische Wort »goel« kommt nach dem Theologischen Handwörterbuch zum Alten Testament, hrsg. von E. Jenni und C. Westermann 118mal vor, bes. im Zusammenhang mit der Befreiung des Volkes aus der Knechtschaft in Ägypten. Ferner hat es die Bedeutung von Erlösung und Rettung und wird im Neuen Testament auf Christus als Erlöser bezogen.

20 Siehe: Glaubensheilung und Imagination sowie die heilende Wirkung des Christus-Bildes. In: H. Hark: Jesus der Heiler, a.a.O., S. 223-253

21 Tobit 12, 14 f. Zur tiefenpsychologischen Deutung der Tobit-Legende siehe E. Drewermann: Voller Erbarmen rettet er uns. Herder, Freiburg 1985, 6. Aufl. 1992 (mit Literatur) Zu der

merkwürdigen Heilsalbe, die auf Anweisung des Engels aus der Galle des Fisches bereitet wird, und das Ritual mit Herz und Leber verweise ich auf die dazu entsprechenden Energiefelder im Lebensbaum der Kabbala, nämlich Geburah (Herz), Hod (Leber) und Nezach (Galle). Siehe dazu von Dr.med. Walter Köster: Der Lebensbaum und die Organe von Körper und Seele. In: H. Hark: Heilkräfte im Lebensbaum, S. 190-204

22 Lukas, 22,43

23 Apostelgeschichte 5,19

24 Hebräer-Brief 1,14

25 Die Worte im griechischen Urtext wären auch zu übersetzen mit: liturgische Geister und diakonische Helfer

26 In psychologischen und therapeutischen Kreisen spricht man in diesem Zusammenhang von dem sogenannten Burn-out-Syndrom

Die Nähe der geistigen Welt

1 E. Benz: Swedenborg Bd. 1 u. 2, Zürich 1969, 2. Aufl.

2 Eine ausführliche Darstellung von Swedenborgs Schau in den letzten Szenen des Faust gibt G. Gollwitzer: Die durchsichtige Welt. Neske, Pfullingen 1953

3 Bei G. Gollwitzer, a.a.O., S. 28 f.

4 E. Benz widmet dieser Lehre von den Entsprechungen bei Swedenborg ein Kapitel in dem genannten Werk, S. 368 ff.

5 G. Gollwitzer, a.a.O., S. 94

6 Gollwitzer, S. 81

7 R. Steiner: Vom Wirken der Engel. (Themen aus dem Gesamtwerk, Bd. 17). Freies Geistesleben, o.J., S. 34

8 Steiner, a.a.O., S. 53

9 Ebd., S. 30

10 Ebd., S. 56

11 Ebd., S. 103

12 Ebd., S. 104

13 Ebd., S. 105

14 G. Mallasz: Die Engel erlebt. Daimon, Zürich, S. 27

15 G. Mallasz: Die Antwort der Engel. Daimon, Zürich 1981, S. 409

16 G. Mallasz: Die Engel erlebt, S. 15

17 A.a.O., S. 42

18 E. Benz, a.a.O., S. 369

19 Für den kollektiven Aspekt der »Bildungsarbeit« der Engel in den Menschen- und Weltbildern der Menschheit gibt es eine interessante Entsprechung in der sog. »Psychohistorie«. Es handelt sich um eine Modellvorstellung der tiefenpsychologischen Geschichtsforschung

in den USA, die in den kollektiven Geschichtsprozessen eine Analogie fand zu den individuellen Entwicklungsvorgängen. Siehe »Psychologie des 20. Jahrhunderts«, Stichwort: Psychohistorie.

Die spirituellen Führungskräfte

1 C.G. Jung: Erinnerungen – Träume – Gedanken. Rascher, Zürich 1967 (Abkürzung: Erinnerungen), S. 174 ff.
2 Erinnerungen, S. 182 f.
3 Ebd., S. 178 f.
4 Ebd., S. 186
5 Ebd., S. 186
6 Ebd., S. 186 f.
7 M.L. v. Franz: C.G. Jung. Wirkung und Gestalt. Huber, Frauenfeld 1972, S. 263
8 v. Franz: a.a.O., S. 265
9 C.G. Jung: Brief an Pere Bruno, in Ges. Werke 18 II, S. 722
10 In: Allgemeine Jüdische Wochenzeitung v. 21.1.1993
11 C.G. Jung: Antwort auf Buber, in Ges. Werke 11, 659 und Ges. Werke 18 II, S. 711 f.
12 C.G. Jung: Die transzendente Funktion, in GW 6
Ferner: Lexikon Jungscher Grundbegriffe, hrsg. H. Hark, Art. Transzendente Funktion
13 Ähnlich sieht es der homöopathische Arzt Dr.med. W. Köster in seinem Buch: Hahnemann und C.G. Jung. Ein Denkmodell der Homöopathie. Haug, Heidelberg 1992
14 F.B. Simon, H. Stierlin: Die Sprache der Familientherapie. Kritischer Überblick und Integration systemtherapeutischer Begriffe, Konzepte und Methoden. Stuttgart 1984
15 H. Hark: Religiöse Neurosen. Kreuz, Stuttgart 1990, 3. Aufl.
16 A.N. Ammann: Aktive Imagination. Walter, Olten 1978

Inspirierende Schöpferkräfte

1 R. Ausländer: Jeder Tropfen ein Tag. Fischer, Frankfurt 1990
Dies.: Mein Atem heißt jetzt. Fischer, Frankfurt 1985
Dies.: Die Erde war ein atlasweißes Feld (Gedichte). Fischer, Frankfurt 1985
2 Lukas 17, 21
3 K. Mühl: »Verwandlung« im Werk Rilkes. Studien zur inneren Genese der Duineser Elegien (Erlanger Beiträge zur Sprach- und Kunstwissenschaft, Bd. 68). Nürnberg 1981

H. Imhof: Rilkes »Gott«. R.M. Rilkes Gottesbild als Spiegelung des Unbewußten (Poesie und Wissenschaft Bd. XXII). Heidelberg 1983

E. Buddeberg: Rainer Maria Rilke. Eine innere Biographie. Stuttgart 1954

E. Buddeberg: Die Duineser Elegien R.M. Rilkes. Karlsruhe 1948

Materialien zu Rainer Maria Rilkes »Duineser Elegien«, hrsg. v. U. Fülleborn u. M. Engel, Suhrkamp, Frankfurt 1980

H.E. Holthusen: Rainer Maria Rilke. Rowohlt Bildmonographien 1958 (1992 26. Aufl.)

R. Guardini: Zu Rainer Maria Rilkes Deutung des Daseins, Berlin 1941

R.M. Rilke: Ausgewählte Gedichte, Suhrkamp, Frankfurt 1966

4 H. Hark: Religiöse Neurosen. Ursachen und Heilung. Kreuz, Stuttgart 1990, 3. Aufl.

5 In: Holthusen, a.a.O., S. 14

6 Holthusen, S. 16

7 Lou Andreas-Salomé: Rainer Maria Rilke, Insel Tb. 1044, Frankfurt 1988, S. 68, 105, 133. Die einstmalige Geliebte von Rilke und spätere Psychoanalytikerin kann wohl am ehesten die seelische Befindlichkeit des Dichters beurteilen.
Siehe auch: Lou Andreas-Salomé: Grenzgängerin zwischen Psychoanalyse und Literatur. In: Inge Stephan: Die Gründerinnen der Psychoanalyse. Kreuz, Stuttgart 1992

8 Diese Deutung entnahm ich Lou Salomé, in: Inge Stephan, S. 151

9 Zu den Gotteserfahrungen und Begegnungen mit Engeln im Traum siehe H. Hark: Der Traum als Gottes vergessene Sprache. Walter, Olten 1982, 5. Aufl. 1989

10 H. Hark: Heilkräfte im Lebensbaum. Ein praktisches Übungsbuch für Selbsthilfe und Therapie. Kösel, München 1992

11 Offenbarung 22

12 Das Wort »siehe« wird laut Bibelkonkordanz ca. 170mal verwendet, besonders häufig in den Psalmen, bei den Propheten Jesaja und Amos sowie im Evangelium des Matthäus. Im Zusammenhang mit der Erscheinung eines Engels wird »siehe« verwendet bei Matthäus 1,20; 2,13 (und Parallelen bei Lukas 1)

13 Die Requien, in: K. Mühl, a.a.O., S. 71 ff.

14 Wer als Rilke-VerehrerIn oder als Literaturkenner meint, daß meine tiefenpsychologische Deutung nicht dem Werk eines Dichters angemessen ist, den verweise ich auf das persönliche Erinnerungsbuch von Lou Andreas-Salomé (siehe Anm. 7)

15 Zit. in A. Stephans: Nacht, Mensch und Engel, Insel 1978, S. 136

16 Lou Andreas-Salomé: Rainer Maria Rilke, S. 128

17 A.a.O., S. 105, 68
18 A.a.O., S. 133 G. Benedetti: Psychodynamik der Zwangsneurose. Darmstadt 1978
19 A.N. Ammann: Aktive Imagination. Darstellung einer Methode, Walter, Olten 1978
20 Genesis 32,23 ff.
21 H. Imhof: Rilkes »Gott«, Heidelberg 1983, S. 374. Dort weitere Literatur
22 Im Vorwort bei Imhof, a.a.O.
23 Imhof, a.a.O., S. 326
24 Imhof, S. 326

Schutzengel

1 E. Jenni, C. Westermann: Theologisches Handwörterbuch zum Alten Testament. Kaiser, München 1976, Bd. II, Artikel »krb«, in der Umschrift auch »qrb« geschrieben, mit der Bedeutung: sich nähern, nahe sein, in der Kultsprache bedeutet es auch die Darbringung eines Opfers.
2 Bei meinen sprachlichen Studien über das hebräische Wortfeld zu Korban entdeckte ich auch den Zusammenhang mit der Bezeichnung Kerub für den Engel (Mehrzahl: Kerubim, auch Cherubim geschrieben), was Oskar Grether mit: Inneres, Mitte übersetzt (siehe Hebräische Grammatik, S. 462)
3 H.C. Moolenburgh: Engel als Beschützer und Helfer des Menschen, S. 60 f.
4 Ich danke Dr. Wolfgang Schildmann für das eindrucksvolle Beispiel aus seinem Erfahrungsbereich! Gern weise ich bei dieser Gelegenheit auf sein Buch über den Einfluß der Träume auf Leben und Werk des bekannten Theologen Karl Barth hin: Was sind das für Zeichen. Kaiser, München.
5 Beispiele aus dem biblischen Bereich und Träume heutiger Menschen, in H. Hark: Der Traum als Gottes vergessene Sprache.
6 C.G. Jung: Seminare – Kinderträume. Walter, Olten 1987, S. 26
7 C.G. Jung, a.a.O., S. 26
8 W. Lindenberg: Die heilige Ikone, Urachhaus 1987.

Todesengel

1 H. Hark: Der Gevatter Tod. Ein Pate fürs Leben. Tiefenpsychologische Deutung des Märchens. Kreuz, Stuttgart 1991, 2. Aufl., S. 59 f.
2 H. Hark: Träume vom Tod. Trauerarbeit und seelische Wandlung. Kreuz, Stuttgart 1987

3 R. Moody: Leben nach dem Tod. Rowohlt, Reinbek 1978
E. Kübler- Ross (Hrsg.): Reif werden zum Tode. Kreuz, Stuttgart 1976
E. Kübler-Ross: Interviews mit Sterbenden. Kreuz, Stuttgart, 1973
4 R. Moody: Leben nach dem Tod, S. 68 f.
5 H. Hark: Träume vom Tod, S. 167
6 Träume vom Tod, S. 205 ff. mit einem kleinen Lexikon zur Todessymbolik mit 33 Stichwörtern
7 Lukas 16, 19-31
8 E. Wiesenhütter: Blick nach drüben. Selbsterfahrungen im Sterben, Gütersloher Tb 196, 1974, S. 33 f.
9 C.G. Jung: Erinnerungen – Träume – Gedanken, S. 316
10 H. Hark: Träume vom Tod, S. 166-174
11 E. Kübler-Ross im Vorwort zu R. Moody: Leben nach dem Tod. Ähnliche spirituelle Erfahrungen berichten auch S. u. Ch. Grof: Jenseits des Todes. Kösel, München 1984
12 M.L. v. Franz: Im Umkreis des Todes. Daimon, Zürich 1980, S. 124 f.

Literaturverzeichnis

Adler, G.: Erinnerung an die Engel. Herder Tb. 1245, 1986 (ausführliche Lit. v. S. 170-178!)

Ammann, A.N.: Aktive Imagination. Darstellung einer Methode. Walter Olten 1978

Andreas-Salomé, Lou: Rainer Maria Rilke. Insel Tb. 1044, 1988

Barth, K.: Kirchliche Dogmatik, Bd. III, 3 § 51. Zürich

Buddeberg, E.: Die Duineser Elegien. Ein Bild vom Sein des Menschen. Karlsruhe 1948

Domay, E.: Dein heiliger Engel sei mit mir. Kaufmann, Lahr o.J.

Edinger, E.: Der Weg der Seele. Kösel, München 1990

Giovetti, P.: Engel die unsichtbaren Helfer der Menschen. Ariston, Genf 1991

Fröhlich, A.M. (Hrsg.): Engel. Texte aus der Weltliteratur. Manesse, Zürich 1991

Franz, M.L. v.: C.G. Jung. Wirkung und Gestalt. Huber, Frauenfeld 1972

Dies.: Spiegelungen der Seele. Projektion und innere Sammlung. Kreuz, Stuttgart 1978

Gloege, G.: Artikel: Engel, in: Religion in Geschichte und Gegenwart, Bd. II, S. 467

Gollwitzer, G.: Die durchsichtige Welt. Ein Swedenborg Brevier. Neske, Pfullingen 1953

Guardini, R.: Der Engel in Dantes göttlicher Komödie. Kösel, München 1951

Hark, H.: Der Traum als Gottes vergessene Sprache. Walter, Olten 1982, 5. Aufl. 1989

Ders.: Religiöse Neurosen. Ursachen und Heilung. Kreuz, Stuttgart 1984, 3. Aufl. 1990

Ders.: Träume vom Tod. Trauerarbeit und seelische Wandlung. Kreuz, Stuttgart 1987

Ders.: Heilkräfte im Lebensbaum. Ein praktisches Übungsbuch für Selbsthilfe und Therapie. Kösel, München 1992

Ders. (Hrsg.): Lexikon Jungscher Grundbegriffe. Walter, Olten 1988

Holböck, F.: Vereint mit den Engeln und Heiligen. Stein a.Rh. 1984

Holthusen, H.E.: Rainer Maria Rilke. Rowohlt Bildmonographien, Reinbek 1958 (1992)

Iglehart, H.: Weibliche Spiritualität. Kösel, München 1988

Jaynes, J.: Über den Ursprung des Bewußtseins aus dem Zusammenbruch der bikameralen Psyche. Rowohlt, Reinbek 1988

Janning, J. (Hrsg.): Liebe und Eros im Märchen. Europ. Märchengesellschaft, Rheine 1988
Jung, C.G.: Erinnerungen – Träume – Gedanken, hrsg. v. A. Jaffe. Rascher, Zürich 1967
Ders.: Gesammelte Werke, Bd. 1-18. Walter, Olten 1971 ff.
Mallasz, G.: Die Antwort der Engel. Daimon, Zürich 1981
Moolenburgh, H.C.: Engel als Beschützer und Helfer des Menschen. Bauer, Freiburg 1988, 3. Aufl.
Nigg, W. u. Gröning, K.: Bleibt ihr Engel, bleibt bei mir. Stuttgart 1981
Parrinder, G.: Sexualität in den Religionen der Welt. Walter, Olten 1991
Rilke, R.M.: Ausgewählte Gedichte. Suhrkamp, Frankfurt 1966
Ders.: Gedichte an die Nacht. Ausw. v. A. Stephens, Suhrkamp, Frankfurt 1976
Rosenberg, A.: Engel und Dämonen. Gestaltwandel eines Urbildes. Kösel, München 1992, 3. Aufl.
Stephens, A.: Nacht, Mensch und Engel. R.M. Rilkes Gedichte an die Nacht. Insel, Frankfurt 1978
Stephan, I.: Die Gründerinnen der Psychoanalyse. Kreuz, Stuttgart 1992
Stählin, W.: Begegnungen mit den Engeln. Barth, München 1956
Ströter-Bender, J.: Engel. Ihre Stimme, ihr Duft, ihr Gewand und ihr Tanz. Kreuz (Reihe Symbole), Stuttgart 1988
Steiner, R.: Vom Wirken der Engel. Ausgew. v. W.-U. Klünker. Freies Geistesleben, Dornach o.J.
Subramanian, B.: Engel und Mensch. (Europ. Hochschulschriften). Lang, Bern-Frankfurt 1986
Westermann, C.: Gottes Engel brauchen keine Flügel. Kreuz, Stuttgart 1980

Quellenverzeichnis

S. 32 © VG Bild-Kunst, Bonn 1993

S. 42 Paul Klee, Angelus Novus, 1920, 32. © VG Bild-Kunst, Bonn 1993

S. 116 Aus: Erinnerungen – Träume – Gedanken. Hrsg. von A. Jaffe. Rascher, Zürich 1967

S. 146 Beate Heinen, Schutzengel, 1984. Ölmalerei (60 x 80 cm). © Kunstverlag Maria Laach, Farbpostkarte Nr. 5413

S. 182 Aus: Rudolf Otto Wiemer, Es müssen nicht Männer mit Flügeln sein. Geschichten und Gedichte zur Weihnachtszeit. Quell Verlag, Stuttgart [2]1987

S. 201 © Chr. Kaiser/Gütersloher Verlagshaus, Gütersloh

S. 204 Gebet eines Engels. Aus: Engelgebete. Verlag Hermann Bauer, Freiburg 1990

S. 205 Da trat ein nackter Engel. Aus: Stefan George, Sämtliche Werke in 18 Bänden. Hrsg. von der Stefan George-Stiftung, Stuttgart. Band 5: Der Teppich des Lebens und die Lieder von Traum und Tod mit einem Vorspiel. Bearb. von Ute Oelmann. Klett-Cotta, Stuttgart 1984

S. 209 Quelle unbekannt

S. 211 Komm Engel. Aus: Rose Ausländer, Ich spiele noch. Gedichte. © S. Fischer Verlag GmbH, Frankfurt am Main 1987